REINHARDT HESS

Hot & Spicy

von currygelb bis chilirot

FOTOGRAFIE: HEINZ-JOSEF BECKERS

Inhalt

Lust auf Schärfe   4

Frisch und weiß –
Vorspeisen & Salate   8
Kichererbsenpüree mit Chilipaste   10
Pikante Käse-Joghurt-Creme   12
Fester Joghurt mit Minze   12
Paprikacreme auf Gurken-Joghurt   15
Scharf gewürzter Hüttenkäse   16
Kokosnuß-Chutney   16
Scharfe Kartoffeln mit Joghurt   19
Gegrillter Salat aus Tunesien   20
Salat der Königin von Saba   20
Bunter Reissalat   22

Bunt und warm –
Suppen & Eintöpfe   26
Türkische Hochzeitssuppe   28
Pikante Schwarzaugen-Bohnensuppe   28
Thailändische Auberginensuppe   31
Arabische Paprika-Zwiebel-Suppe   33
Gemüse-Weizen-Suppe   33
Schwarze Linsensuppe   34
Kichererbsensuppe mit Chillies   34
Gemüse-Burgoo mit Bohnen und Reis   36
Kanarischer Fleisch-Gemüse-Eintopf   38
Karibischer Bohnentopf mit Chillies   38

Scharf und rot –
Hauptsachen mit Chillies 42

Fusilli mit scharfer Auberginensauce 44

Höllisches Zucchini-Mais-Gemüse 44

Scharfes Paprika-Wurst-Gemüse 46

Reis mit Linsen und Garnelen 46

Scharfes Fisch-Couscous 49

Jambalaya mit Meeresfrüchten 50

Geschmorter Weißkohl mit Lamm 50

Dicke Bohnen mit Hackfleisch 53

Ofenkartoffeln mit Bohnenchili 54

Gebratener Reis mit Chillies und Huhn 56

Kanarischer Pabellón 59

Safrangelb und curryfarben –
Würziges mit Safran und Curry 62

Frühlingszwiebeln in Safransauce 64

Curry mit gebratenen Eiern 64

Blumenkohl mit Safran-Majado 67

Spinat-Panir-Bällchen in Currysauce 69

Kürbis-Bananen-Auflauf 70

Muscheln in Safransauce 72

Garnelen in Curry-Kokos-Sauce 72

Fischfilet mit Ananas in Currysauce 75

Scharfes Hähnchencurry 76

Marokkanische Tajine mit Quitten 76

Register 78
Impressum 79

Lust auf Schärfe

Die Freude an scharf gewürzten Gerichten ist so alt wie die Menschheit selbst. Schon immer wurden Samen, Kräuter und Wurzeln gesucht, die im Mund ein pikantes Brennen verursachen.

Pfeffer aus Südindien

Seit der Antike versorgten Händler aus Arabien ganz Europa mit Pfeffer und ließen sich das Gewürz mit Gold aufwiegen. Bereits bei den alten Römern stand Pfeffer als Modegewürz der Reichen hoch im Ansehen, und auch im Mittelalter würzte jeder, der etwas auf sich hielt, mit Pfeffer bis zum Übermaß. Deshalb suchten alle seefahrenden Nationen einen direkten Weg zu den Produzenten der teuren Körner. Und wer auch immer das Gewürzgeschäft fest in Händen hielt, der Pfeffer wurde nicht billiger, sondern die »Pfeffersäcke« immer reicher.

Die Entdeckung der neuen Schärfe

Erst Christoph Kolumbus fand bei seiner Suche nach Indien etwas, was dem Pfeffer sehr bald den Rang ablief: die höllisch scharfen Chilischoten Südamerikas. Sie brachten nicht nur noch mehr Pep in die Gerichte, sie ließen sich auch – im Ge-gensatz zum Pfefferstrauch – in vielen Ländern leicht aus den Kernen ziehen und weiterzüchten. Unter der Sonne Spaniens wuchsen bald die ersten Chilipflanzen und verbreiteten sich durch Portugiesen und Spanier rasch in Afrika und in Indien. Von da aus erreichten sie China und Japan, Korea und die Philippinen.

Alles eine Familie

Botanisch gesehen gehören Gemüsepaprika und Chillies zur gleichen Familie, bei den Paprikaschoten wurde aber die Schärfe, die die Chillies auszeichnet, durch Züchtung entfernt. Das scharfe Brennen wird durch einen »Scharfmacher« namens Capsaicin verursacht, der selbst keinen Geschmack vermittelt. Erst die übrigen Aromastoffe der Chillies sorgen für die Nuancen. Die Vielzahl der Sorten aufzuzählen ist unmöglich, und trotzdem ist auf unseren Märkten die Auswahl nicht sehr groß. Es gibt frische große grüne oder rote Schoten, die oft als »Peperoni« bezeichnet werden, dazu manchmal mittelgroße rote, sehr scharfe Schoten, mit ihren Stengeln zu dekorativen Bündeln zusammengefaßt. Und die winzig kleinen, scharf-aromatischen Thai-Chillies in Grün oder Rot. Außerdem findet man in den Gewürzregalen getrocknete kleine Chilischoten, die sich gut für den Vorrat eignen. Deshalb wird bei den Rezepten nur angegeben, ob es frische oder getrocknete sein sollen.

Vorsicht beim Umgang mit Chillies

Die Schärfe dringt durch die Haut, und Empfindliche sollten beim Putzen und Zerkleinern Gummihandschuhe tragen. Auf keinen Fall in den Mund oder an die Augen greifen. Nach der Arbeit die Hände gründlich waschen.

Schärfe und Würze

Zu der Schärfe, dem »hot«, gesellen sich bei diesen Rezepten stets aromatische Gewürze, die das Gericht »spicy«, also würzig machen. Das ist sehr oft frischer Ingwer, der in vielen Ländern verwendet wird. Bei uns ist er in den meisten Gemüsegeschäften zu finden. Sein frischer, pikanter Geschmack bleibt am besten erhalten, wenn er nicht lange mitgekocht oder zum Schluß roh über das Gericht gestreut wird. Vor allem in Thailand, Vietnam und Indonesien ist frisches Zitronengras mit seinem angenehm würzigen, frischen Geschmack sehr beliebt. Auch das findet man oft in Gemüseläden und immer in Asienläden. Ebenfalls zitronig schmecken die Kaffirlimettenblätter, die eine seltsame Form haben: Sie sind in der Mitte geteilt, als ob sie aus zwei Blättern bestünden. Getrocknet sind die Blätter geschmacklos, aber die frischen lassen sich gut als Vorrat einfrieren. Sie sind nur in Asienläden erhältlich.

Kreuzkümmel und Koriander, Kardamom und Piment gehören ebenfalls zu den »duftenden« Gewürzen und sind leicht erhältlich. Alle diese Gewürze möglichst ungemahlen kaufen und bei Bedarf im Mörser zerkleinern, ihr Aroma verfliegt sonst schnell. Schwerer zu finden ist Ajowansamen (fälschlich als »Liebstöckelsamen« bezeichnet), ein beliebtes indisches Gewürz, das roh scharf und bitter, in Fett geröstet und gekocht aber thymianähnlich schmeckt. Ein Exot unter den aromatischen Gewürzen ist Asafötida (auch Teufelsdreck, Asant oder Hing genannt), ein Harz eines Doldenblütengewächses, das sehr stark und unangenehm riecht, um nicht zu sagen, es stinkt. Aber wenn dieses Harz in kleinsten Mengen mitgekocht wird, entwickelt es einen angenehmen Geruch und verstärkt das Aroma.

Diese exotischen Gewürze erhält man vor allem in Asienläden, viele in Naturkostläden und im Reformhaus. Auch die Supermärkte sind zunehmend besser bestückt, allerdings entdeckt man viele Gewürze nicht im Gewürzregal, sondern in der Asienabteilung. Grundsätzlich gilt: wenn ein Gewürz nicht vorrätig und keine Alternative angegeben ist, einfach weglassen. Das ist immer besser als irgendein Ersatz-Gewürz.

Frisch und weiß

Vorspeisen und Salate

In heißen Ländern spielen Vorspeisen und Salate eine wichtige Rolle, besonders in arabischen Ländern sind die Appetitanreger, die Mezze oder Mazza, fast wichtiger als die Hauptgerichte.

Partyidee

Die würzigen Häppchen haben fast alle den Vorteil, daß sie gut vorbereitet werden können. Deshalb erfreuen sie sich auch bei uns für Partys, Buffets und Bürofeiern steigender Beliebtheit. Besonders die Cremes auf Joghurt- oder Frischkäsebasis eignen sich bestens dazu. Knuspriges Sesam-Fladenbrot (nach Möglichkeit kurz vorher im heißen Ofen aufgebacken), in handliche Streifen geschnitten und in einem Korb serviert, paßt am besten dazu. Oder – noch einfacher – italienische Grissini aus der Packung, in Gläsern dekorativ angerichtet.

Joghurt – von mild bis pikant

Die Farben Weiß und Grün sind die Leitfarben dieses Kapitels. Weiß sind vor allem die Milchprodukte, die von Indien bis Bulgarien, von der Türkei bis nach Nordafrika bei der Zubereitung von Vorspeisen so beliebt sind. Allen voran der Joghurt, der seinen Ursprung im Inneren Asiens hat. Von dort aus nahm er seinen Weg in die Türkei, in die arabischen Länder und schließlich in die ganze Welt. An der geheimnisvollen Umwandlung von flüssiger, süßer Milch zum dicken, säuerlichen Joghurt sind wärmeliebende Bakterien – die zuerst entdeckten wurden bezeichnenderweise »Lactobacillus bulgaricus« genannt – beteiligt. Heute gibt es in den Kühlregalen unserer Lebensmittelgeschäfte eine ganze Reihe von Natur-Joghurtsorten: milden Joghurt (mit Bifidus- oder Biogarde-Kulturen angesetzt), probiotischen Joghurt (mit bestimmten Lactobazillen, die gesundheitsfördernd wirken sollen) und den »Bulgara-Joghurt« mit dem ursprünglichen, pikant-säuerlichen Geschmack. Für die Gerichte aus den Balkanländern, aber auch für indische und arabische, benötigt man den Bulgara-Joghurt, der sich auch leicht selbst herstellen läßt.

Joghurt selbst gemacht

Wer viel Joghurt braucht, möchte ihn sicher gern selbst herstellen. Nichts einfacher als das, man braucht nur Milch, einen »Starter« und Wärme. Zur Milch: Damit sich keine unerwünschten Keime entwickeln, sollte Frischmilch zuerst einmal aufgekocht, dann wieder auf Handwärme abgekühlt werden. Bei H-Milch entfällt dies, weil sie bereits wärmebehandelt ist. Auf jeden Fall aber Vollmilch nehmen, sonst wird der Joghurt zu flüssig.

Als Starterkultur eignet sich jeder Natur-Bulgara-Joghurt aus dem Lebensmittelgeschäft, der noch aktive Lactobazillen enthält (im Zweifelsfall einfach ausprobieren, mit den meisten funktioniert es). Den Joghurt glattrühren und unter die lauwarme Milch mischen (2–3 Eßl. Joghurt reichen für 1 l Milch). Zum Warmhalten das Gefäß mit der handwarmen Milch in eine Decke packen oder – besser – einen elektrisch beheizten Joghurtbereiter verwenden. Bei einer Temperatur von etwa 38° (das ist die optimale Wärme für die Mikroorganismen) ist der Joghurt nach 12–14 Std. reif, fest und säuerlich. Danach sollte er wenigstens einen Tag im Kühlschrank nachreifen, damit er dick wird und sein typisches Aroma entwickelt.

Abgetropfter Joghurt

Für viele Gerichte wird dicker »abgetropfter« Joghurt benötigt. Dafür etwa die doppelte Menge normalen Joghurt in ein Sieb schöpfen, das mit einem angefeuchteten Leinen- oder Nesseltuch ausgelegt ist, und mehrere Stunden abtropfen lassen. Der Joghurt verliert dabei einen Teil der flüssigen Molke, die in ihm enthalten ist. Danach in eine Schüssel füllen und mit einer Gabel oder einem Schneebesen glattrühren. So eignet er sich nicht nur für die cremigen Vorspeisen, sondern auch zum Kochen – er flockt beim Erhitzen nicht mehr so leicht aus. Läßt man den Joghurt noch länger abtropfen, erhält man eine feste Masse, die wie Frischkäse verwendet werden kann.

Pikante Salate

Der Übergang von pikanten Vorspeisen zu Salaten ist fließend. Für viele ist ein grüner Salat der Inbegriff von Frische, deshalb sollte man schon beim Einkauf darauf achten, daß die Salatköpfe knackig-frisch aussehen und solche aus Freiland-Anbau bevorzugen. Pikante Salate werden allerdings vorwiegend aus Gemüsezutaten komponiert und mit würzigen Saucen angemacht.

Cajun-Remoulade aus Louisiana – ein pikantes Dressing für bunte Salate

Für 4 Personen etwa 100 g Mayonnaise mit 2 dünnen, fein gehackten Frühlingszwiebeln, 1 Eßl. gehackten Kapern und 2 durchgepreßten Knoblauchzehen vermischen. 1 Teel. braune Senfkörner und 1–2 getrocknete Chilischoten mit 1 Prise Salz im Mörser zerreiben, mit grob gemahlenem schwarzem Pfeffer, etwas geriebenem Meerrettich und 2 Eßl. Zitronensaft unter die Remoulade mischen. Zuletzt fein gehacktes Basilikum unterheben und über den vorbereiteten Salat gießen.

Kichererbsenpüree mit Chilipaste

Aus Israel • Läßt sich gut vorbereiten

Zutaten für 4 Personen

Für das Kichererbsenpüree:

1 Dose Kichererbsen (400 g) • 3 Knoblauchzehen • etwa 3 Eßl. Zitronensaft • 30 g Tahin (Sesampaste, aus dem Glas) • Cayennepfeffer • Salz • schwarzer Pfeffer, frisch gemahlen

Für die Chilipaste:

100 g dicke, fleischige grüne Chilischoten (oder halb Chillies, halb grüne Paprikaschoten) • 3 Knoblauchzehen • 1 Teel. Kreuzkümmel • $\frac{1}{4}$ Teel. Kardamomkerne (aus den Kapseln) • Salz • schwarzer Pfeffer, frisch gemahlen

Zum Garnieren:

Olivenöl • 8 schwarze Oliven

Zeit: etwa 35 Min.
Pro Portion etwa: 215 kcal

Für das Püree die Kichererbsen in ein Sieb gießen, etwas Sud auffangen. Die Kichererbsen zwischen den Händen reiben, um die harten Schalen zu entfernen (sie bleiben an den Fingern hängen und können einfach abgeschüttelt werden).

Den Knoblauch schälen und grob zerkleinern. Kichererbsen und Knoblauch mit dem Zitronensaft fein pürieren. Das Tahin im Glas glattrühren, etwa 3 Eßl. unter das Kichererbsenpüree mischen. So viel Kichererbsensud dazugeben, daß ein cremiges Püree entsteht. Mit Cayennepfeffer, Salz und Pfeffer pikant abschmecken.

Für die Chilipaste die Chilischoten aufschlitzen, unter fließendem Wasser entkernen und putzen, die Schoten in Stücke schneiden. Den Knoblauch schälen. Beides im Mörser oder im Blitzhacker fein vermusen, nach und nach 1–2 Eßl. Wasser dazugeben und weiter zerstampfen oder pürieren, bis ein glatter Brei entstanden ist.

Kreuzkümmel und Kardamom im Mörser zerstoßen, mit Salz und Pfeffer unter das Chilipüree mischen und kräftig durchrühren.

Zum Servieren das Kichererbsenpüree in eine flache Schüssel geben, mit dem Löffelrücken in der Mitte eine Mulde eindrücken und die Chilipaste einfüllen. Alles mit etwas Olivenöl beträufeln, den Rand mit ganzen oder halbierten Oliven garnieren.

Pikante Käse-Joghurt-Creme

Aus der Türkei • Läßt sich gut vorbereiten

Zutaten für 4 Personen
200 g fester Schafkäse (türkischer oder bulgarischer Feta-Käse) • etwa 150 g dicker (abgetropfter) Joghurt • je $1/2$ Bund Petersilie und Dill • 2–3 Knoblauchzehen • 1 Teel. Paprikablättchen (Pulbiber) oder $1/2$ Teel. grob gemahlene Chillies • $1/4$ Teel. gemahlener Kreuzkümmel • schwarzer Pfeffer, frisch gemahlen • eventuell Salz
Zum Garnieren:
schwarze Oliven

Zeit: etwa 20 Min. (+ 1 Std. Ruhezeit)
Pro Portion etwa: 145 kcal

Den Schafkäse abtropfen lassen, in eine Schüssel bröckeln und mit einer Gabel zerdrücken. Den Joghurt glattrühren, nach und nach unter den Schafkäse mischen, bis eine dickcremige Masse entstanden ist (nicht mit dem Pürierstab mixen, sonst wird die Creme zu flüssig).

Die Kräuter waschen, trocknen und die Blättchen (bis auf einige zum Garnieren) fein hacken. Den Knoblauch schälen und zur Käsecreme pressen. Kräuter und Gewürze untermischen, nach Bedarf vorsichtig salzen. Die Creme mindestens 1 Std. im Kühlschrank durchziehen lassen.

Dann in eine Schale füllen und mit den übrigen Kräutern und schwarzen Oliven garniert servieren.

Tip
Griechischer Feta ist oft zu salzig, deshalb vorher etwa 1 Std. in kaltes Wasser legen.

Fester Joghurt mit Minze

Im Bild • Braucht etwas Zeit

Zutaten für 4 Personen
700 g fester Joghurt • 2 Zweige frische Minze • Salz • schwarzer Pfeffer, frisch gemahlen • 1 frische grüne Chilischote
Zum Garnieren:
je 4 Gurken- und Tomatenscheiben • 1 Eßl. Olivenöl

Zeit: etwa 20 Min. (+ 12 Std. Abtropfzeit)
Pro Portion etwa: 105 kcal

Ein doppelt gefaltetes Mulltuch oder ein Leinentuch naß machen, in ein Sieb legen. Den Joghurt mit einem Löffel in das Tuch füllen, die Enden zusammenfassen und mit einer Schnur zu einem Beutel binden. Über einer Schüssel aufhängen und an einem kühlen Platz über Nacht abtropfen lassen, bis ein fester Frischkäse entstanden ist.

Die Minze waschen und trocknen, die Blättchen fein hacken. Den Frischkäse mit Salz, Pfeffer und Minze vermischen, in ein Schälchen füllen.

Die Chilischote längs aufschlitzen, unter fließendem Wasser entkernen, putzen und klein würfeln. Den Frischkäse mit geviertelten Gurken- und Tomatenscheiben garnieren, die Chiliwürfel über den Frischkäse streuen und mit Olivenöl übergießen. Mit Fladenbrot servieren.

Tip
Am besten eignet sich dafür selbstgemachter Joghurt, der lange gereift, dick und säuerlich ist.

Paprikacreme auf Gurken-Joghurt

Aus Bulgarien • Scharf-pikant

Zutaten für 4 Personen
Für den Gurken-Joghurt:
$^1/_2$ Salatgurke (etwa 200 g) • Salz • 2 Knoblauchzehen • 350 g fester (abgetropfter) Bulgara-Joghurt • schwarzer Pfeffer, frisch gemahlen
Für die Paprikacreme:
2 rote Paprikaschoten (etwa 300 g) • 1 Zwiebel • 1 Knoblauchzehe • 300 g Tomaten • 1 kleine Aubergine (etwa 200 g) • 1 frische rote Chilischote • 3 Eßl. Öl • 1 Prise Zucker • Salz • 1 Teel. Essig • 1 Eßl. gehackte Petersilie

Zeit: etwa 1 Std.
Pro Portion etwa: 160 kcal

Für den Gurken-Joghurt die Salatgurke gründlich waschen und ungeschält in etwa 3 mm dicke Scheiben schneiden. Die Scheiben in eine Schüssel schichten, dabei kräftig mit Salz bestreuen. Etwa 30 Min. ziehen lassen.

Den Knoblauch schälen und durch die Presse zum Joghurt drücken. Den Joghurt salzen und pfeffern, cremig schlagen und kühl stellen.

Für die Paprikacreme die Paprikaschoten waschen, halbieren, putzen und in sehr kleine Würfel schneiden. Die Zwiebel und den Knoblauch schälen, fein hacken.

Stielansätze der Tomaten entfernen. Die Tomaten kurz überbrühen, häuten und entkernen, in kleine Stücke schneiden.

Die Aubergine waschen, putzen und fein würfeln. Die Chilischote längs aufschlitzen, unter fließendem Wasser entkernen und putzen, die Schote kleinhacken.

In einem Schmortopf das Öl erhitzen, zuerst Zwiebel, Knoblauch und Aubergine darin bei mittlerer Hitze 7 – 10 Min. anbraten, bis die Auberginenwürfel gebräunt sind. Dann das übrige Gemüse dazugeben und bei schwacher Hitze 20 – 30 Min. offen schmoren, bis das Gemüse musig ist. Mit Zucker, Salz, Essig und gehackter Petersilie würzen, abkühlen lassen.

Die Gurkenscheiben in ein Sieb geben und kalt abspülen, mit Küchenpapier trocknen. In eine Servierschale eine Schicht Knoblauchjoghurt streichen, mit einer Lage Gurkenscheiben belegen. So fortfahren, die letzte Schicht soll Joghurt sein. Die abgekühlte Paprikacreme darauf anrichten und servieren.

15

Scharf gewürzter Hüttenkäse

Aus Äthiopien • Schnell

Zutaten für 4 Personen
2 große getrocknete rote Chilischoten • 4 Kardamomkapseln • je $1/2$ Teel. Korianderkörner und Bockshornkleesamen • grobes Meersalz • 2 Knoblauchzehen • 20 g frischer Ingwer • 400 g Hüttenkäse (körniger Frischkäse) • 1 Eßl. Paprikapulver, edelsüß
Zum Servieren:
4 Salatblätter • 1 Eßl. Petersilienblättchen

Zeit: etwa 20 Min.
Pro Portion etwa: 90 kcal

Die Chillies entkernen (Stielansatz entfernen, die Schoten mit der Öffnung nach unten leicht drückend drehen, bis die Kerne herausfallen) und in Stücke brechen. Die Kardamomkapseln aufbrechen und die schwarzen Kerne herauslösen. Chilistücke und Kardamomkerne mit Koriander und Bockshornklee in einem Pfännchen ohne Fett bei mittlerer Hitze etwa 2 Min. rösten, bis die Gewürze duften. In einen Mörser füllen, etwas grobes Salz dazu streuen und die Mischung fein zerstoßen.

Knoblauch und Ingwer schälen, in Stücke schneiden, durch die Knoblauchpresse zum Hüttenkäse drücken. Die Gewürze mit Paprikapulver dazugeben und alles vermischen, mit Salz abschmecken. Nach Belieben noch etwas durchziehen lassen. Auf Salatblättern mit Petersilienblättchen bestreut servieren.

Kokosnuß-Chutney

Aus Indien • Im Bild

Zutaten für 4 Personen
70 g Kokosraspel • 2 frische grüne Chilischoten • 3 Knoblauchzehen • 1 Stück frischer Ingwer (etwa 2 cm lang) • 3 – 4 frische Curryblätter • 1 Eßl. Öl • 1 Teel. braune Senfkörner • 2 kleine getrocknete rote Chilischoten • 1 Prise Asafötida (Teufelsdreck) • 200 g dicker (abgetropfter) Vollmilch-Joghurt • Salz

Zeit: etwa 30 Min.
Pro Portion etwa: 165 kcal

Die Kokosraspel in eine Schüssel füllen und mit 100 ml heißem Wasser übergießen. Etwa 10 Min. quellen lassen.

Die Chilischoten längs aufschlitzen, unter fließendem Wasser entkernen und putzen, die Schoten in Stücke schneiden. Knoblauchzehen und Ingwer schälen, grob zerschneiden. Alles mit den Kokosraspeln in einen Blitzhacker geben und mittelfein pürieren (oder im Mörser zerstampfen).

Die Curryblätter waschen, in feine Streifen schneiden. In einem Pfännchen das Öl mit Senfkörnern und zerbröselten Chilischoten bei mittlerer Hitze erhitzen, bis die Senfkörner knistern. Curryblätter und Asafötida unterrühren, kurz erhitzen und die Mischung zum Kokospüree geben. Den Joghurt untermischen und mit Salz abschmecken. Gekühlt servieren.

Scharfe Kartoffeln mit Joghurt

Aus der Türkei • Scharf

Zutaten für 4 Personen
800 g mittelgroße festkochende Kartoffeln • 4 frische grüne türkische Peperoni • 100 ml Olivenöl • Salz • schwarzer Pfeffer, frisch gemahlen • 8 getrocknete rote, lange Chilischoten • 4 – 6 Knoblauchzehen • 600 g fester (abgetropfter) Joghurt • 1 Teel. Paprikapulver, edelsüß
Zum Garnieren: 1 Eßl. fein gehackte Petersilie oder etwas getrocknete Minze

Zeit: etwa 45 Min.
Pro Portion etwa: 275 kcal

Die Kartoffeln schälen und längs in Schnitze (etwas dicker als Pommes frites) schneiden. Mit Küchenpapier trocknen. Die frischen Peperoni waschen, längs aufschlitzen und entkernen, in 2 cm lange Stücke schneiden.

In einem breiten Topf das Olivenöl erhitzen. Die Kartoffelschnitze erst bei mittlerer, dann bei schwacher Hitze in etwa 12 Min. hellbraun braten. Mit einem Schaumlöffel aus dem Öl heben, abgetropft auf eine Platte legen und etwas salzen. Die Peperonistücke im verbliebenen Öl anbraten, bis sie leicht bräunen. Aus dem Öl heben, zwischen den Kartoffeln verteilen. Etwas Pfeffer darüber streuen.

Die getrockneten Chillies im restlichen Öl rundherum kurz anschmoren, bis sie leicht zu bräunen beginnen. Sofort aus dem Öl heben und sternförmig auf den Kartoffeln anrichten. Die Knoblauchzehen schälen, grob hacken und über das Ganze streuen.

Den Joghurt mit etwas Salz glattrühren und über das Gemüse verteilen. Das Bratöl bis auf etwa 2 Eßl. abgießen, den Rest mit Paprikapulver verrühren, das rot gefärbte Würzöl über den Joghurt träufeln. Den Joghurt am Rand entlang mit gehackter Petersilie oder mit zerriebener Minze bestreuen. Das Gericht lauwarm oder abgekühlt mit türkischem Fladenbrot servieren.

Tip

Die sehr pikante Zusammenstellung (eine Spezialität von Kalkan, wo es »Tatar« genannt wird) schmeckt am besten, wenn es kurz nach der Zubereitung, also lauwarm, serviert wird. Von den türkischen Peperoni findet man meist zwei Sorten beim Gemüsehändler – eine dunkelgrüne, sehr lange und schlanke Art, die mäßig bis mittelscharf würzt (und die die richtige für dieses Rezept ist) sowie eine eher gelbliche, lange und schlanke Sorte, die sehr mild ist und vor allem für Salate verwendet wird.

Gegrillter Salat aus Tunesien

Läßt sich gut vorbereiten • Im Bild

Zutaten für 4 Personen

750 g grüne Paprikaschoten (oder grüne und rote gemischt) • 100 g frische rote Chilischoten • 500 g reife, aber feste Tomaten • 2 Knoblauchzehen • Salz • schwarzer Pfeffer, frisch gemahlen • 1 Teel. gemahlener Kümmel • 3 Eßl. Zitronensaft • 4 Eßl. Olivenöl • 1 Dose Thunfisch (in Öl, 130 g) • 2 hartgekochte Eier • 16 schwarze Oliven • 1 Eßl. Kapern

Zeit: etwa 1 Std.
Pro Portion etwa: 300 kcal

Den Backofen-Grill vorheizen (oder den Backofen auf höchste Stufe schalten). Die Paprika- und Chilischoten waschen, längs halbieren, Kerne und Trennwände entfernen. Tomaten waschen. Das Gemüse (mit der Haut nach oben) unter den Grill schieben und etwa 10 Min. grillen, bis die Haut dunkelbraun ist.

Das gegrillte Gemüse kurz abkühlen lassen, dann die dunkle Haut abziehen. Das Gemüse in kleine Stücke schneiden (von den Tomaten den Saft abgießen). In eine Schüssel füllen. Knoblauch schälen und dazupressen. Mit Salz, Pfeffer und Kümmel kräftig würzen, mit Zitronensaft und Olivenöl vermischen und in der Mitte einer Platte oder flachen Schale anrichten.

Thunfisch abgießen und zerpflücken, Eier schälen und vierteln. Salat mit Thunfisch, Eiern und Oliven garnieren, mit Kapern bestreut servieren.

Salat der Königin von Saba

Aus Äthiopien • Für Partys

Zutaten für 4 Personen
Für den Salat:
500 g Kirschtomaten • 1 Gemüsezwiebel • 1 Knoblauchzehe • 2 milde frische grüne Chilischoten (lange türkische Peperoni) • 1 frische rote Chilischote (scharf)
Für die Saba-Sauce:
30 g Tomatenmark • 3 Eßl. Rotwein • Salz • schwarzer Pfeffer, frisch gemahlen • 4 Eßl. Zitronensaft • 3 Eßl. kaltgepreßtes Olivenöl • $1/_2$ Teel. Tabascosauce • 2 Zweige frischer Thymian

Zeit: etwa 30 Min. (+ 30 Min. Marinierzeit)
Pro Portion etwa: 130 kcal

Die Tomaten waschen und vierteln. Zwiebel und Knoblauch schälen, die Hälfte der Zwiebel grob, den Knoblauch fein hacken. Chilischoten längs aufschlitzen, unter fließendem Wasser entkernen und putzen, die Schoten fein würfeln. Alles locker vermischen.

Für die Saba-Sauce Tomatenmark mit Rotwein, Salz und Pfeffer, Zitronensaft, Olivenöl und Tabasco kräftig verquirlen.

Die Salatsauce über die Tomaten-Zwiebel-Mischung gießen und etwa 30 Min. durchziehen lassen.

Zum Servieren nochmals mischen und mit Salz abschmekken, auf Schüsselchen verteilen. Die restliche Zwiebel in feine Scheiben schneiden und über den Salat verteilen. Mit Thymianblättchen bestreut servieren.

Bunter Reissalat

Aus Thailand • Für Gäste

Zutaten für 4 Personen
Für den Reis:
250 g Rundkornreis • Salz • 3 Eßl. heller Essig
Für die Salatsauce:
1 Stück frisches Zitronengras (etwa 5 cm lang) •
2 kleine getrocknete Chilischoten • 1 Eßl. brauner
Zucker • 3 Eßl. Fischsauce (Naam plaa) • 2 Eßl. heller
Essig
Für den Salat:
50 g Kokosraspel • 1 Grapefruit • 2 Frühlingszwiebeln •
50 g Sprossen (Mungo-, Linsen- oder Rettichsprossen) •
100 g kleine Eismeer-Krabben (Dose) • 4 frische kleine
Thai-Chillies • 1 Stück frisches Zitronengras (etwa 4 cm
lang) • 3 Kaffirlimettenblätter

Zeit: etwa 1 Std.
Pro Portion etwa: 380 kcal

Den Reis mehrmals mit warmem Wasser waschen, in
einen Topf geben, mit 1 Prise Salz und gut $1/4$ l Wasser
aufkochen. Zugedeckt bei schwacher Hitze 25 – 30 Min.
garen. Den Reis in eine Schüssel füllen, mit Essig beträufeln und vorsichtig durchmischen. Abkühlen lassen.

Für die Salatsauce das Zitronengras waschen und kleinschneiden. Mit getrockneten Chillies, Zucker und 200 ml
Wasser 7 – 10 Min. auf die Hälfte der Menge einköcheln
lassen. Durch ein Sieb gießen, die Fischsauce und den
Essig unterrühren und beiseite stellen.

Die Kokosraspel in einem trockenen Pfännchen bei mittlerer Hitze unter Rühren in 3 – 4 Min. nußbraun rösten,
in ein Schälchen füllen. Die Grapefruit schälen, die derbe
Haut abziehen, die Filets auslösen und in Stücke schneiden. Die Frühlingszwiebeln putzen, waschen und samt
grünem Teil schräg in Scheiben schneiden. Die Sprossen
heiß überbrausen, abtropfen lassen. Die Krabben abtropfen lassen. Die Thai-Chillies waschen, samt Kernen
in feine Scheibchen schneiden. Das Zitronengras und
die Limettenblätter waschen, sehr fein schneiden.

Den abgekühlten Reis auf eine Platte oder in eine flache
Schüssel stürzen. Die vorbereiteten Zutaten als kleine
Häufchen darum herum anordnen. Die Sauce extra dazu
reichen. Zum Essen nimmt sich jeder etwas Reis auf seinen Teller, mischt nach Belieben von den Zutaten dazu
und beträufelt alles mit Salatsauce.

Tips

Den oberen (holzigen) Teil vom Zitronengras für die Sauce
nehmen, den unteren weichen zum Bestreuen. Und natür-
lich eignen sich auch Reste von gekochtem Reis für dieses
Rezept.

Bunt und warm

Suppen und Eintöpfe

In den Ländern, in denen scharf gekocht wird, gibt es kaum leichte Suppen, sondern Gehaltvolles aus verschiedenem Gemüse, Hülsenfrüchten und ein wenig Fleisch. Ein großer Teller davon mit reichlich Brot ist oft die ganze Mahlzeit.

Wenig Fleisch gibt Würze

Viele dieser Suppentöpfe sind nicht vegetarisch, sondern ein bißchen Fleisch oder auch ein paar Scheiben Wurst machen sie gehaltvoller. Am besten eignen sich dafür die preiswerten Suppenfleischstücke mit Knochen, weil sie besonders viel Aroma abgeben. Dafür sollten sie aber von bester Qualität und Herkunft sein. Das Fleisch wird nach dem Garen oft nicht in die Suppe geschnitten, sondern für ein anderes Gericht verwendet.

Bunte Hülsenfrüchte

Das Angebot an Hülsenfrüchten hat sich bei uns unglaublich ausgeweitet. In Bioläden, Reformhäusern und in Asienläden findet man Erbsen, Linsen und Bohnen in vielerlei Farben und Größen. Getrocknete Hülsenfrüchte kommen aus Afrika und Argentinien, China, Chile und aus Südeuropa, also

Ländern, wo ein heißes, trockenes Klima herrscht. Auch in der indischen Küche, die etwa 50 verschiedene Sorten kennt, werden sie viel verwendet. Alle Hülsenfrüchte werden vor der Zubereitung verlesen (auf einem hellen Untergrund ausbreiten und nach kleinen Steinchen absuchen), dann in stehendem Wasser gewaschen. Kichererbsen, Bohnen und Erbsen mit Schale müssen vor dem Garen in kaltem Wasser etwa 12 Std. eingeweicht werden (dickere Hülsenfrüchte besser 24 Std.). Sie garen dann viel schneller und sind vor allem leichter verdaulich. Bei großen geschälten Hülsenfrüchten (Schälerbsen und indischen Chana Dal) genügt eine Einweichzeit von 4 bis 6 Std., bei Linsen und kleinen geschälten Hülsenfrüchten kann das Einweichen entfallen, sie sind auch so schnell gar. Zum Garen auch die eingeweichten Hülsenfrüchte in frischem, möglichst kalkarmem (sonst längere Garzeit) Wasser aufsetzen und langsam aufkochen (schüttet man sie in kochendes Wasser, bleiben sie hart). Salz und Säure (Essig, Zitronensaft) verzögern das Weichwerden, deshalb zum Schluß damit würzen.

Für Entdecker

Bei den Newcomern unter den Hülsenfrüchten gibt es einige, die besonders interessant sind und die kurz charakterisiert werden sollen:

Schwarzaugenbohnen (Augenbohnen, chinesische Bohnen, Lobia) – kleine weiße Bohnenkerne mit einem schwarzen Punkt in der Beuge. In Griechenland, in der Türkei, in arabischen Ländern und im Süden Amerikas sehr beliebt. 6 bis 10 Std. einweichen, die Garzeit beträgt nur 45 Min. bis 1 Std.

Rote Bohnen (Kidney Beans, Rajma) – längliche, nierenförmige Bohnen mit roter Schale. Müssen lange eingeweicht werden und brauchen – je nach Alter – etwa 2 Std. zum Weichwerden.

Schwarze Bohnen – für sie gilt das Gleiche wie für die roten Bohnen, ihre Garzeit ist eher noch länger. Werden in der mexikanischen Küche häufig verwendet.

Dicke weiße Bohnen – die großen Kerne sollten 24 Std. eingeweicht werden und benötigen mehr als 2 Std. Garzeit. Sie schmecken würzig und kernig, besonders in Mittelmeerländern für Salate, verschiedene Eintöpfe und zum Schmoren in Tomatensauce beliebt.

Kichererbsen (Chole) – die haselnußförmige Erbsensorte ist am Mittelmeer, in arabischen Ländern, in Indien und Mexiko sehr beliebt. Sie kochen bißfest, behalten ihre Form und schmecken kräftig nußartig. 24 Std. einweichen, Garzeit (je nach Alter) bis zu 3 Std. Tip: auf Vorrat kochen, abgetropft einfrieren.

Grüne Linsen (Puy-Linsen) – kleine, olivgrüne Linsen aus Südfrankreich. Besonders würzig, sind ohne Einweichen in etwa 45 Min. gar.

Schwarze Linsen (Beluga, Matpe) – sehr kleine, edle Sorte mit würzig-aromatischem Geschmack. Ohne Einweichen in 20 – 30 Min. gar.

Rote Linsen (Masur Dal) – geschälte Linsen mit plättchenähnlichen rosafarbenen Kernen. Sind ohne Einweichen in knapp 15 Min. gar und werden dabei gelb. Zerkochen leicht. Werden in der indischen Küche oft verwendet.

Indische Dals – geschälte Hülsenfrüchte, die es in Indien zu jedem Hauptgericht gibt. Neben roten Linsen (Masur Dal) findet man in Asienläden Mungdal (Moong Daal) aus Mungobohnen (einweichen, Garzeit gut 45 Min., mild und leicht verdaulich), Chana Dal aus einer kleinen Kichererbsenart (4 Std. einweichen, Garzeit etwa 45 Min., süßlicher Geschmack) und Urid Dal, die weißen Kerne von schwarzen Linsen (siehe oben), kleiner als rote Linsen, Garzeit noch kürzer.

Gewürzbutter für Hülsenfrüchte

In Indien heißt sie »Tadka« und wird als Würze zum Schluß unter das Gericht gerührt. Dafür 1 bis 2 Knoblauchzehen schälen und hacken, in 1 Eßl. Butterschmalz goldbraun anbraten. Je 1 Teel. gemahlenen Kreuzkümmel und Anis einstreuen, kurz rösten, dann 1 Teel. Kurkumapulver und nach Belieben noch 1 Prise Asafötida (Teufelsdreck) unterrühren. Sofort zu den gegarten Hülsenfrüchten rühren und kurz erhitzen.

Türkische Hochzeitssuppe

Vegetarisch • Im Bild

Zutaten für 4 Personen
100 g rote Linsen • 2 Zwiebeln • 1 frische rote Chilischote • 60 g Butter • 100 g Bulgur (Weizengrütze) •
1 $\frac{1}{2}$ l Gemüsebrühe • 2 Eßl. Tomatenmark • 1 Lorbeerblatt • Salz • schwarzer Pfeffer, frisch gemahlen •
1 Teel. Paprikapulver, rosenscharf • $\frac{1}{2}$ Teel. getrocknete Nane-Minze (oder frische Minzeblättchen)

Zeit: etwa 1 Std.
Pro Portion etwa: 360 kcal

Die Linsen in ein Sieb schütten, mit kaltem Wasser überbrausen und abtropfen lassen. Die Zwiebeln schälen
und fein hacken. Die Chilischote längs aufschlitzen,
unter fließendem Wasser entkernen und putzen, die
Schote kleinhacken.

Die Hälfte der Butter in einem Suppentopf zerlassen, die
Zwiebelwürfel darin bei mittlerer Hitze in etwa 5 Min.
goldgelb andünsten. Chiliwürfel unter die Zwiebeln rüh-
ren. Linsen und Bulgur dazugeben, die Brühe angießen.
Tomatenmark und Lorbeer einrühren, mit Salz und
Pfeffer abschmecken. Zugedeckt bei schwacher Hitze
20–30 Min. köcheln lassen, bis die Linsen und der
Bulgur gar sind.

Die restliche Butter erhitzen, das Paprikapulver einstreuen
und einmal aufschäumen lassen. Die Paprikabutter als
Muster über die Suppe träufeln, mit zerbröselter Minze
oder frischen Blättchen bestreuen und servieren.

Pikante Schwarz-augen-Bohnensuppe

Aus Griechenland • Preiswert

Zutaten für 4 Personen
250 g Schwarzaugen-Bohnen oder kleine weiße Bohnen • 2 kleine getrocknete Chilischoten • 1 Lorbeerblatt •
1–2 Gewürznelken • 150 g Möhren • 2 Stangen Staudensellerie • 2 Zwiebeln • 3–4 Knoblauchzehen • 200 g
reife Tomaten • 3–4 getrocknete Tomaten (in Öl) • 6 Eßl.
Olivenöl • Salz • schwarzer Pfeffer, frisch gemahlen •
2 Eßl. grob gehackte Petersilie

Zeit: etwa 1 $\frac{1}{4}$ Std. (+ Einweichzeit über Nacht)
Pro Portion etwa: 445 kcal

Die Bohnen über Nacht in kaltem Wasser einweichen.
Dann in gut 1 l frischem Wasser mit Chilischoten, Lorbeer
und Nelken aufkochen, zugedeckt etwa 15 Min. (kleine
weiße Bohnen etwa 30 Min.) vorkochen.

Möhren und Staudensellerie waschen, putzen und klein
würfeln. Zwiebeln und Knoblauch schälen, fein hacken.
Stielansätze der Tomaten entfernen. Die Tomaten kurz
überbrühen, häuten und entkernen. Das Fruchtfleisch
würfeln. Getrocknete Tomaten kleinhacken.

Die Hälfte vom Öl in einem großen Topf erhitzen, Zwiebeln
und Knoblauch darin bei mittlerer Hitze in etwa 7 Min.
hellbraun schmoren. Möhren und Sellerie dazugeben,
3–4 Min. dünsten. Frische und getrocknete Tomaten
untermischen, dick einkochen. Die Bohnen samt Koch-
wasser unter das Gemüse rühren und 30–45 Min. garen.
Salzen und pfeffern, mit gehackter Petersilie bestreuen
und mit dem restlichen Olivenöl beträufeln.

Thailändische Auberginensuppe

Scharf-pikant • Für Partys

Zutaten für 4 Personen

2 Zwiebeln • 2 Knoblauchzehen • 20 g frischer Ingwer • je 1 Teel. Bockshornkleesamen, Korianderkörner und Kreuzkümmelsamen • 3 – 4 kleine getrocknete rote Chilischoten • 6 Eßl. Öl • 60 g Mungdal (geschälte, halbierte Mungobohnen, Asienladen) • Salz • $^1/_2$ Teel. Kurkumapulver • $^1/_4$ Teel. gemahlener Galgant nach Belieben • 1 l Gemüsebrühe • 2 Kaffirlimettenblätter • 2 kleine Auberginen (etwa 500 g) • 1/4 l ungesüße Kokosmilch (Dose) • schwarzer Pfeffer, frisch gemahlen • 2 Eßl. gehacktes Koriandergrün

Zeit: etwa 1 Std.
Pro Portion etwa: 250 kcal

Die Zwiebeln, den Knoblauch und den Ingwer schälen, die Zwiebeln hacken, den Knoblauch grob, den Ingwer fein zerschneiden.

Bockshornklee, Koriander, Kreuzkümmel und die Chilischoten in einem Pfännchen ohne Fett bei mittlerer Hitze 3 – 4 Min. rösten, bis die Gewürze duften. In einen Mörser füllen.

Etwa $^1/_2$ Eßl. Öl im Pfännchen erhitzen und den Mungdal unter Rühren braten, bis die Bohnen leicht bräunen. Ebenfalls in den Mörser geben und alles mit 1 Prise Salz zerreiben. Knoblauch und Ingwer dazugeben, zu einem Brei zerstampfen. Kurkuma und nach Belieben den Galgant untermischen.

In einem Suppentopf 2 Eßl. Öl erhitzen, die Zwiebeln darin bei mittlerer Hitze hellgelb dünsten. Die Gewürzpaste unterrühren und kurz anschmoren, die Brühe angießen, die Kaffirblätter dazugeben und alles zugedeckt bei schwacher Hitze etwa 20 Min. leise köcheln lassen.

Inzwischen die Auberginen waschen, putzen und klein würfeln, mit Küchenpapier trocknen. In einer Pfanne das restliche Öl erhitzen. Die Auberginenwürfel darin bei mittlerer Hitze in 7 – 10 Min. unter Rühren hellbraun braten. Mit der Kokosmilch in die Suppe rühren, mit Salz und Pfeffer abschmecken. Mit Koriandergrün bestreut servieren.

Tip

Die Mischung aus Gewürzkörnern und Mungdal (ohne Knoblauch und Ingwer) gleich in größerer Menge herstellen und in ein dunkles Glas füllen. Sie ist etwa 3 Monate haltbar.

Arabische Paprika-Zwiebel-Suppe

Vegetarisch • Im Bild

Zutaten für 4 Personen
2 rote Paprikaschoten • 2 frische rote Chilischoten •
500 g Tomaten • 1 große Gemüsezwiebel (etwa 350 g) •
3 Knoblauchzehen • 4 Eßl. Olivenöl • 100 g grüne TK-
Erbsen • 1 l Gemüsebrühe • je 1 Teel. grob gemahlener
Kreuzkümmel und Koriander • 4 Zweige frische Pfefferminze • 1 unbehandelte Zitrone • Salz • schwarzer
Pfeffer, frisch gemahlen • 4 frische Eigelbe

Zeit: etwa 45 Min.
Pro Portion etwa: 325 kcal

Die Paprika- und Chilischoten waschen, putzen und
entkernen, sehr fein würfeln. Stielansätze der Tomaten
entfernen. Tomaten kurz überbrühen, häuten und entkernen, würfeln. Zwiebel und Knoblauch schälen, die
Zwiebel grob, den Knoblauch fein würfeln.

In einem großen Topf das Öl erhitzen, bei mittlerer bis
schwacher Hitze darin Zwiebel und Knoblauch in etwa
10 Min. goldgelb dünsten. Paprika- und Chiliwürfel,
Erbsen, Brühe, Kreuzkümmel und Koriander dazugeben.
Etwa 15 Min. leise köcheln lassen.

Pfefferminze waschen, die Blättchen grob zerschneiden.
Zitrone heiß waschen, etwa 1 Eßl. Schale abraspeln, den
Saft auspressen, beides zur Suppe rühren, die Minze
dazugeben, Suppe noch etwa 2 Min. köcheln lassen.
Mit Salz und Pfeffer abschmecken. Jeweils 1 Eigelb in
einen Suppenteller geben und die heiße Suppe darüber
schöpfen. Jeder verrührt selbst.

Gemüse-Weizen-Suppe

Aus El Hierro • Scharf-würzig

Zutaten für 4 Personen
100 g Weizenkörner • 1 $\frac{1}{2}$ l Gemüsebrühe • 1 Lorbeerblatt • 1 Teel. Kreuzkümmelsamen • 2 frische rote
Chilischoten • 150 g dicke Möhren • 250 g Kartoffeln •
100 g grüne Kohlblätter (Wirsing- oder Kohlrabiblätter) •
250 g Tomaten • 5 Knoblauchzehen • 1 – 2 getrocknete
Chilischoten • Salz • 4 Eßl. gehackte Petersilie •
1 Msp. gemahlener Safran

Zeit: etwa 1$\frac{1}{4}$ Std. (+ Einweichzeit über Nacht)
Pro Portion etwa: 230 kcal

Weizen in kaltem Wasser über Nacht einweichen.
Dann abgießen und in der Brühe mit Lorbeer und
Kreuzkümmel aufkochen. Etwa 30 Min. zugedeckt bei
schwacher Hitze köcheln lassen.

Frische Chillies waschen, unter fließendem Wasser
entkernen und putzen, in Streifen schneiden. Möhren
und Kartoffeln waschen, schälen. Möhren in $\frac{1}{2}$ cm
dicke Scheiben, Kartoffeln in 1 cm große Würfel schneiden. Die Kohlblätter waschen und in Streifen schneiden.
Stielansätze der Tomaten entfernen. Die Tomaten kurz
überbrühen, häuten und entkernen, in kleine Stücke
schneiden.

Knoblauch schälen und grob würfeln. Getrocknete Chillies
mit etwas Salz im Mörser zerreiben. Knoblauch, gehackte Petersilie und Safran dazugeben, glatt zerstampfen.
Das Gemüse mit der Knoblauchpaste zur Suppe geben
und noch etwa 30 Min. köcheln lassen. Heiß servieren.

33

Schwarze Linsensuppe

Aus Indien • Im Bild

Zutaten für 4 Personen

250 g schwarze Linsen (Bioladen, Reformhaus) •
1 l Gemüsebrühe • 200 g Kirschtomaten • 2 Eßl. Butterschmalz • 4 kleine getrocknete rote Chilischoten •
4 Kardamomkapseln • 1 Teel. Kreuzkümmelsamen •
2 Lorbeerblätter • 1 Zimtstange • 3 Eßl. Kokosraspel •
1 Eßl. Korinthen • 1 Teel. brauner Zucker • Salz •
schwarzer Pfeffer, frisch gemahlen • 1 Eßl. grob
gehacktes Koriandergrün oder Petersilie

Zeit: etwa 35 Min.
Pro Portion etwa: 365 kcal

Die Linsen verlesen, waschen und in der Gemüsebrühe
langsam zum Kochen bringen. Die Kirschtomaten waschen,
in Stücke schneiden und dazugeben. Alles zugedeckt bei
schwacher Hitze etwa 20 Min. garen.

In einem Pfännchen das Butterschmalz zerlassen.
Die Chilischoten halbieren (evtl. die Kerne ausschütteln),
die Kardamomkapseln aufbrechen. Beides mit Kreuzkümmel, Lorbeer und halbierter Zimtstange im Butterschmalz bei mittlerer Hitze kurz anbraten. Kokosraspel,
Korinthen und Zucker dazugeben und 2–3 Min. unter
Rühren braten, bis die Kokosraspel leicht gebräunt sind.
Die heiße Gewürzmischung unter die Linsen rühren,
noch 5–10 Min. köcheln lassen, bis die Linsen gar sind.
Mit Salz und Pfeffer abschmecken, mit Koriandergrün
oder Petersilie bestreuen und heiß servieren.

Kichererbsensuppe mit Chillies

Aus der Türkei • Scharf-pikant

Zutaten für 4 Personen

150 g getrocknete Kichererbsen • 1 kg Lamm- oder
Rinderknochen (mit wenig Fleisch daran) • 1 Zwiebel •
2 Lorbeerblätter • 4 Gewürznelken • 1 Teel. Pimentkörner •
Salz • 1 Eßl. Butter • 4 Eßl. Mehl • 100 g Sahne •
schwarzer Pfeffer, frisch gemahlen • 2 frische dünne rote
oder grüne Chilischoten (Thai-Chillies) • 1–2 Eßl. Paprika-
flocken (Pulbiber) • 1 Eßl. getrocknete Nane-Minze

Zeit: etwa $2^1/_2$ Std. (+ 18–24 Std. Einweichzeit)
Pro Portion etwa: 250 kcal

Die Kichererbsen 18–24 Std. in Wasser einweichen.
Dann in frischem Wasser aufsetzen, $1^1/_2$ Std. garen.
Gleichzeitig Lammknochen mit $1^1/_2$ l Wasser aufsetzen,
aufkochen und abschäumen. Die Zwiebel schälen und
halbieren, mit Lorbeer, Nelken, Piment und Salz dazugeben, zugedeckt $1^1/_2$ Std. bei schwacher Hitze köcheln.

Die Brühe durch ein Sieb gießen, das Fleisch vom
Knochen lösen, klein würfeln und zur Brühe geben.

Den Topf säubern, die Butter darin erhitzen, das Mehl
einrühren. Brühe und Sahne angießen, aufkochen.
Die Kichererbsen abgetropft dazugeben, mit Salz und
Pfeffer würzen, etwa 10 Min. köcheln lassen.

Chilischoten waschen, mit Kernen in feine Scheiben schneiden, in ein Schüsselchen füllen. Pulbiber in ein zweites
Schälchen füllen. Die Suppe auf tiefe Teller verteilen, mit
zerriebener Minze bestreuen. Jeder streut sich Chillies
und Pulbiber nach Belieben darüber.

Gemüse-Burgoo mit Bohnen und Reis

Aus Kentucky • Braucht etwas Zeit

Zutaten für 4 Personen

200 g getrocknete Schwarzaugenbohnen • 2 Lorbeerblätter • 3 kleine getrocknete Chilischoten • 150 g Okraschoten • 3 Eßl. Zitronensaft • 250 g frische grüne Bohnen • 500 g Tomaten • 3 Zwiebeln • 2 Eßl. Sonnenblumenöl • 300 g festkochende Kartoffeln • Salz • schwarzer Pfeffer, frisch gemahlen • 1 Eßl. brauner Zucker • 300 g Langkornreis • 175 g Maiskörner (aus der Dose) • Tabascosauce • frisch geriebene Muskatnuß • 30 g Butter

Zeit: etwa 1 Std. (+ 8 – 10 Std. Einweichzeit)
Pro Portion etwa: 655 kcal

Die Bohnen in kaltem Wasser 8 – 10 Std. oder über Nacht einweichen. Dann die Bohnen abgießen, in frischem Wasser langsam aufkochen, den Schaum abschöpfen. Lorbeerblätter und Chilischoten dazugeben, die Bohnen zugedeckt bei schwacher Hitze knapp 30 Min. leise köcheln lassen.

Inzwischen die Okraschoten waschen, an den Stielenden bleistiftartig anspitzen, ohne die Schoten zu verletzen. An einer Seite anritzen. In kaltes Wasser mit 2 Eßl. Zitronensaft legen, etwa 20 Min. darin ziehen lassen.

Die grünen Bohnen waschen, putzen und in 3 cm lange Stücke schneiden. Stielansätze der Tomaten entfernen. Die Tomaten kurz überbrühen, häuten und in Stücke schneiden.

Die Zwiebeln schälen und grob würfeln. In einer kleinen Pfanne das Öl erhitzen, die Zwiebeln darin bei mittlerer bis schwacher Hitze in etwa 10 Min. goldgelb braten. Die Kartoffeln schälen und in 1 cm große Würfel schneiden. Gemüse, Kartoffeln und Zwiebeln zu den Schwarzaugenbohnen rühren, bei Bedarf Wasser nachgießen, mit Salz, Pfeffer und Zucker würzen, alles noch etwa 30 Min. garen.

Den Reis mit knapp $1/2$ l Salzwasser in einem Topf aufkochen und zugedeckt bei schwacher Hitze in 15 – 17 Min. körnig kochen.

Die Maiskörner in den Eintopf rühren, mit Tabascosauce und Muskat scharf-pikant abschmecken und die Butter unterrühren. Den Gemüsetopf sehr heiß mit dem Reis servieren.

Tips

Am schönsten sieht es aus, wenn der Eintopf in tiefe Teller verteilt und der Reis mit einem runden Förmchen in die Mitte der Teller portioniert wird.
In Kentucky wird das Gericht auch mit Hähnchenfleisch, Speck oder Hackfleisch angereichert.

Kanarischer Fleisch-Gemüse-Eintopf

Braucht etwas Zeit • Würzig-pikant

Zutaten für 4 Personen

je 125 g getrocknete rote Bohnen und Kichererbsen • 100 g luftgetrockneter Schinken am Stück (Serrano oder Südtiroler Schinkenspeck) • 350 g Rindfleisch mit Knochen (z. B. Beinscheibe) • 3 Möhren • 1 Zwiebel • 3 Knoblauchzehen • je 1 Teel. Piment- und schwarze Pfefferkörner • 2 Lorbeerblätter • 2–3 Gewürznelken • 1–2 große getrocknete rote Chilischoten • 150 g Wirsing oder Weißkohl • 125 g dicke runde Nudeln (z. B. Rigatoni) • Salz

Zeit: etwa 2 Std. (+ 18–24 Std. Einweichzeit)
Pro Portion etwa: 525 kcal

Die Bohnen und die Kichererbsen über Nacht (18–24 Std.) in kaltem Wasser einweichen. Dann den Schinken und das Rindfleisch abspülen, mit den abgegossenen Hülsenfrüchten in etwa 1 $\frac{1}{2}$ l Wasser aufsetzen. Die Möhren schälen und in 1 cm dicke Scheiben schneiden, die Zwiebel und den Knoblauch schälen und würfeln. Mit den Gewürzen und den Chilischoten in die Brühe geben, alles etwa 1 $\frac{1}{2}$ Std. bei schwacher Hitze sieden lassen, bis die Hülsenfrüchte fast gar sind.

Den Wirsing oder Kohl waschen, putzen und in 1 cm breite Streifen schneiden. Mit den Nudeln in den Eintopf geben, salzen und noch etwa 10 Min. garen, bis die Nudeln bißfest sind. Den Schinken und das Fleisch herausheben, ohne Knochen und Schwarte in große Würfel schneiden, wieder in die Suppe rühren, mit Salz abschmecken.

Karibischer Bohnentopf mit Chillies

Für Partys • Im Bild

Zutaten für 4 Personen

je 125 g getrocknete rote Bohnen, weiße Bohnen und Kichererbsen • 2 Zwiebeln • 6 Knoblauchzehen • 4 Möhren • 2 grüne Paprikaschoten • 125 g braune Champignons (Egerlinge) • 2 Eßl. Olivenöl • 4 frische rote Chilischoten • 3 Eßl. Paprikapulver, edelsüß • $\frac{1}{2}$ Eßl. Paprikapulver, rosenscharf • 70 g Tomatenmark • 2 Teel. gemahlener Kreuzkümmel • 2 Teel. getrockneter Oregano • Salz • 200 g scharfe Paprika-Wurst (z. B. Chorizo, Kabanossi) • 3 Eßl. gehackte Petersilie

Zeit: etwa 2 Std. (+ 18–24 Std. Einweichzeit)
Pro Portion etwa: 575 kcal

Die Hülsenfrüchte 18–24 Std. einweichen. Dann in frischem Wasser aufsetzen und in etwa 1 $\frac{1}{2}$ Std. gar kochen.

Nach der Hälfte der Zeit die Zwiebeln und den Knoblauch schälen, grob würfeln. Die Möhren schälen und grob würfeln. Die Paprikaschoten putzen, grob zerschneiden. Champignons säubern und vierteln. Das Olivenöl erhitzen, Zwiebeln und Knoblauch darin bei mittlerer Hitze etwa 10 Min. anbraten. Möhren, Paprika und Pilze kurz mitdünsten.

Die Chillies entkernen, in Streifchen schneiden, mit beiden Paprikasorten, Tomatenmark, Kreuzkümmel und Oregano unter das Gemüse rühren. Die Hülsenfrüchte abgießen – Brühe auffangen – und zum Gemüse geben. So viel Brühe angießen, daß eine dicke Sauce entsteht. Salzen. Wurst in Scheiben schneiden, im Topf in etwa 5 Min. erhitzen. Mit Petersilie bestreuen.

Scharf und rot

Hauptsachen mit Chillies

Seit Christoph Kolumbus nicht nur Amerika, sondern auch diverse Nachtschattengewächse wie Tomaten, Kartoffeln und die Chillies entdeckte, wird überall auf der Welt scharf gewürzt.

Bunte Chillies

Weltmeister im Chiliverbrauch ist Mexiko, wo es eine Vielzahl unterschiedlicher Sorten gibt. Die mexikanischen Schmorsaucen sind oft aus verschieden schmeckenden Chilisorten komponiert, so daß eine solche »Mole« bei uns gar nicht nachkochbar ist. Auf den karibischen Inseln schätzt man die faltigen, höllisch scharfen Lampion-Chillies, die auch bei uns auf Gemüsemärkten zu finden sind.

In Asien gehören Chillies zu jedem Essen. In Thailand sind frische Chillies Grundlage der roten oder grünen Currypasten (aus reifen oder unreifen Chilischoten), als Tischwürze wird »Naam Plaa Phrik«, kleingeschnittene Chillies in Fischsauce mit Zitronensaft, gereicht. Außerdem gibt es eine Reihe von Chilisaucen, die aus Chillies, Salz, Zucker und Essig hergestellt sind. Jetzt findet man auch bei uns in Gemüseabteilungen thailändische Chillies, wobei die winzig kleinen, roten oder grünen Schoten (Phrik Kee Noo) extrem scharf, aber besonders aromatisch sind. Sie werden in den Rezepten »Thai-Chillies« genannt. Außerdem gibt es etwa fingerlange grüne, orangefarbene oder rote Chillies (Phrik Chee), die mittelscharf bis scharf sind. Die roten werden auch getrocknet und zu Flocken oder Pulver vermahlen.

In vielen Gebieten Indonesiens wird chilischarf gewürzt und die dortigen Chilipasten, die »Sambals«, gibt es bei uns in fast jedem Lebensmittelgeschäft. Manche dieser appetitanregenden Pasten sind, sofern die Chillies mit Samenkernen verwendet werden, wie beim »Sambal Oelek«, höllisch scharf. »Sambal Badjak« und »Sambal Manis« sind eher würzig-mild. In der Szechuan-Küche Chinas, in Südindien und Sri Lanka werden enorme Mengen an frischen grünen und getrockneten roten Pfefferschoten verwendet. Und auch im Süden Vietnams gehören Chilischoten immer zum Essen.

Es gibt auch milde

Türkische Chilischoten erhält man bei uns schon in vielen Gemüseläden, vor allem die als »Peperoni« bezeichneten dunkelgrünen, sehr schlanken und langen Chilischoten, die am Stielansatz gefaltet sind. Sie sind mäßig-scharf bis scharf, wobei der Schärfegrad äußerlich nicht zu erkennen ist.

»Carliston« oder »Charleston« ist eine etwas dickere, gelblich-grüne Chilisorte, die dünnwandig und sehr mild ist, auch die »Sivri«, gelblich, sehr lang, schlank und faltig wie die Peperoni, sind sehr mild. Diese Sorten werden vor allem für Salate verwendet, gegrillt oder gebraten. Mittellange rote Schoten werden auf Fäden aufgezogen und getrocknet, sie sind scharf-pikant und eignen sich gut für aromatische Gerichte. Aus ähnlichen Schoten wird auch »Pulbiber« hergestellt, das sind grob geschrotete Gewürzpaprikaschoten, die wie kleine Plättchen aussehen und sehr unterschiedlich scharf sein können. Pulbiber ist ein beliebtes Gewürz für gegrilltes Fleisch (Döner Kebab) und ist oft mit Salz und anderen Gewürzen vermischt. Grob geschrotete Chilischoten sind auch in Griechenland und in Bulgarien ein beliebtes Gewürz.

In Italien werden die Chillies »Peperoncini« oder auch »Diavolini«, Teufelchen, genannt und besonders im Süden häufig und reichlich verwendet. Seltener als grüne, meist als frische oder getrocknete rote Schoten, die mittelscharf sind. Ein Sprung nach Afrika – auch hier schätzt man feurige Würze. Besonders in den Küchen Äthiopiens, Tunesiens und Marokkos sorgen getrocknete große, dunkelrote Chillies, vor der Verwendung oft über offenem Feuer kurz geröstet, für den aromatischen Geschmack, und es ist sicher kein Zufall, daß die klassische Berbere-Gewürzmischung sehr an indische Masalas erinnert.

Chilisaucen

Eine Reihe von pikant-scharfen Saucen, die fast nur aus Chilischoten bestehen, kommen aus den Südstaaten, am bekanntesten ist die Tabascosauce von der Insel Avery, ähnlich ist die »Hot Sauce« aus Louisiana. Hergestellt werden sie aus höllisch scharfen roten Schoten, die noch vorwiegend von Hand geerntet werden. Die Schoten werden mit Salz vermahlen und lange in Holzfässern fermentiert. Die Sauce wird dann abgegossen und mit Salz und Essig zu einer flüssigen scharfen Sauce verarbeitet. Die kreolische und die Cajun-Küche der Südstaaten Amerikas schätzt deren brennende Schärfe, zum Beispiel in den Jambalayas, den Eintöpfen aus Meeresfrüchten, Reis und Tomaten mit reichlich Chilischoten und Cayennepfeffer.

Berbere-Gewürzmischung

Je 1 Eßl. getrocknete rote Chilischoten und schwarze Pfefferkörner, je 1 Teel. Zimtrinde, Piment- und Korianderkörner, Bockshornkleesamen, Gewürznelken und Kardamomkerne mit $1/2$ Teel. Ajowansamen in einem trockenen Pfännchen kurz rösten, in einem Mörser mit etwas grobem Meersalz zerstoßen, mit 1 Teel. Ingwerpulver vermischen. Für pikante Schmorgerichte.

Fusilli mit scharfer Auberginensauce

Aus Kalabrien • Vegetarisch

Zutaten für 4 Personen
3 Eßl. getrocknete Mischpilze (etwa 8 g) • 400 g Tomaten • 1 Zwiebel • 2 Knoblauchzehen • 1 kleine Aubergine (etwa 250 g) • 6 Artischockenböden (Dose) • 2 frische rote Peperoncini (etwa 70 g) • 4 Eßl. Olivenöl • 2 Eßl. Tomatenmark • Salz • schwarzer Pfeffer, frisch gemahlen • $^1/_2$ Teel. getrockneter Oregano • 1 Msp. gemahlene Fenchelsamen • 400 g Fusilli • 80 g frisch geriebener Parmesan

Zeit: etwa 1 Std.
Pro Portion etwa: 580 kcal

Die Pilze mit 200 ml heißem Wasser übergießen. Stielansätze der Tomaten entfernen. Die Tomaten kurz überbrühen, häuten und entkernen. Das Fruchtfleisch würfeln. Die Zwiebel und den Knoblauch schälen, klein würfeln. Die Aubergine waschen und klein würfeln, ebenso die Artischockenböden. Die Peperoncini halbieren und unter fließendem Wasser entkernen, die Schoten fein hacken.

In einem Topf das Öl erhitzen. Zwiebel und Knoblauch darin bei mittlerer Hitze glasig braten. Auberginenwürfel dazugeben und unter Rühren etwa 5 Min. braten. Peperoncini, Tomaten, Tomatenmark und die Pilze samt Einweichflüssigkeit (ohne Bodensatz) dazugeben. Mit Salz, Pfeffer, Oregano und Fenchel würzen, bei schwacher Hitze offen etwa 30 Min. schmoren.

Die Nudeln nach Packungsangabe in reichlich Salzwasser bißfest kochen. Abgießen, abtropfen lassen und mit der Sauce vermischen. Den Käse extra dazu servieren.

Höllisches Zucchini-Mais-Gemüse

Aus Mexiko • Im Bild

Zutaten für 4 Personen
2 Zwiebeln • 3 Knoblauchzehen • 1 – 2 frische Lampion-Chillies (oder getrocknete große Chillies) • 700 g Tomaten • 1 kg junge dünne Zucchini • 1 große Dose Gemüsemais (280 g) • 2 Eßl. Butterschmalz • 6 Zweige Koriandergrün oder Petersilie • 200 ml Gemüsefond • Salz • schwarzer Pfeffer, frisch gemahlen • 70 g geriebener Hartkäse (Queso añejo oder alter Gouda)

Zeit: etwa 1 Std.
Pro Portion etwa: 275 kcal

Die Zwiebeln und den Knoblauch schälen, fein hacken. Die Chilischoten (Vorsicht, sehr scharf!) waschen, längs halbieren, unter fließendem Wasser Kerne und Trennwände entfernen. Schoten in feine Streifen schneiden. Die Tomaten waschen, ohne die Stielansätze klein würfeln. Die Zucchini waschen, putzen und in 3 cm dicke Scheiben schneiden. Mais abtropfen lassen.

In einem großen Topf das Schmalz erhitzen, Zwiebeln, Knoblauch und Chilistreifen kurz darin andünsten. Die Tomaten dazugeben und bei mittlerer Hitze etwa 7 Min. anschmoren. Zucchiniwürfel, 4 Korianderzweige, Mais und Brühe dazugeben, salzen und pfeffern. Zugedeckt 20 – 30 Min. bei schwacher Hitze schmoren. Das restliche Koriandergrün hacken. Das Gemüse auf Tellern anrichten, mit geraspeltem Käse und gehacktem Koriander bestreut servieren. Bunt gemischten Salat und Reis dazu reichen.

44

Scharfes Paprika-Wurst-Gemüse

Preiswert • Im Bild

Zutaten für 4 Personen
750 g festkochende Kartoffeln • Salz • 750 g bunte Paprikaschoten (rote, gelbe und grüne) • 500 g reife Tomaten • 2 Zwiebeln • 2 Knoblauchzehen • 2 frische rote Chilischoten • 3 Eßl. Olivenöl • 400 g Chorizo (spanische Paprikawurst) • 1 Eßl. Paprikapulver, edelsüß • 100 ml kräftiger Rotwein • 1 Eßl. Orangensaft • 1 Teel. gekörnte Gemüsebrühe • schwarzer Pfeffer, frisch gemahlen

Zeit: etwa 45 Min.
Pro Portion etwa: 610 kcal

Kartoffeln waschen, schälen und vierteln. In Salzwasser aufsetzen und zugedeckt bei gut mittlerer Hitze etwa 20 Min. kochen. Die Paprikaschoten waschen, halbieren, putzen und in Streifen schneiden. Stielansätze der Tomaten entfernen. Die Tomaten kurz überbrühen, häuten und kleinschneiden. Zwiebeln und Knoblauch schälen und grob hacken. Chilischoten längs aufschlitzen, unter fließendem Wasser entkernen und in feine Streifchen schneiden.

In einer Schmorpfanne das Öl auf mittlerer Stufe erhitzen, Zwiebeln und Knoblauch darin in etwa 5 Min. hellbraun anbraten. Paprika- und Chilistreifen dazugeben, unter Rühren 2–3 Min. anschmoren. Wurst in Scheiben schneiden, mit Paprikapulver, Tomaten, Rotwein und Orangensaft dazugeben, offen bei schwacher Hitze etwa 10 Min. schmoren lassen. Die Kartoffeln abgießen, unter die Paprika-Wurst-Mischung rühren, mit Gemüsebrühe, Salz und Pfeffer würzen und noch etwa 5 Min. schmoren.

Reis mit Linsen und Garnelen

Aus Indonesien • Scharf-pikant

Zutaten für 4 Personen
200 g grüne Puy-Linsen • 2 rote Paprikaschoten • 2 frische rote Chilischoten • 40 g frischer Ingwer • 300 g Zwiebeln • 4 Eßl. Butterschmalz • 250 g Langkornreis • 200 g grüne TK-Erbsen • 2 Kardamomkapseln (nur die Kerne) • 1 Teel. Korianderkörner • 4 Gewürznelken • 1 Teel. Zimtrinde • etwa $1/2$ l Brühe • 4 Knoblauchzehen • 400 g rohe geschälte Riesengarnelen • 2 Eßl. Öl • 2 Eßl. Koriandergrün oder Petersilie • Zitronenschnitze

Zeit: etwa 50 Min.
Pro Portion etwa: 750 kcal

Die Linsen in Wasser etwa 15 Min. kochen, abgießen und abtropfen lassen. Backofen auf 50° (Umluft auch 50°) vorheizen. Paprikaschoten und Chillies waschen, putzen und in 1 cm große Stücke schneiden. Ingwer schälen, in Streifchen schneiden. Zwiebeln schälen, längs achteln.

In einem Schmortopf Butterschmalz erhitzen, Zwiebeln darin bei mittlerer Hitze in 7–10 Min. braun braten, herausheben, abtropfen lassen und im Ofen warm stellen. Im Fett Reis und Linsen andünsten. Paprika, Chillies, Ingwer und Erbsen dazugeben. Gewürze im Mörser zerstoßen, kurz mitbraten. Mit Brühe knapp bedecken und zugedeckt bei schwacher Hitze etwa 20 Min. garen.

Knoblauch schälen. Die Garnelen im Öl bei mittlerer Hitze unter Rühren 4–5 Min. braten, Knoblauch dazupressen. Den Reis mit den Garnelen anrichten, mit Zwiebeln, Koriandergrün und Zitronen garnieren.

Scharfes Fisch-Couscous

Aus Tunesien • Scharf-würzig

Zutaten für 4 Personen

100 g Rosinen • 300 g Möhren • 2 kleine Fenchelknollen (etwa 500 g)• 2 frische rote Chilischoten • 750 g reife Tomaten • 2 Zwiebeln • 3–4 Knoblauchzehen • 4 Eßl. Olivenöl • 2 Eßl. Tomatenmark • 3 Eßl. Harissa (scharfe Chilipaste, siehe Tip) • je 1 Teel. gemahlener Kreuzkümmel und Kurkumapulver • 500 g Fischfilet (z. B. Rotbarsch, Seelachs) • 4 Eßl. Zitronensaft • Salz • schwarzer Pfeffer, frisch gemahlen • 200 g grüne TK-Erbsen • 600 ml Gemüsebrühe • 300 g Couscous-Grieß (Instant) • 2 Eßl. Butter

Zeit: etwa 45 Min.
Pro Portion etwa: 710 kcal

Die Rosinen in ein Schüsselchen füllen und mit etwa $1/4$ l heißem Wasser übergießen, bis zum Servieren quellen lassen.

Möhren und Fenchel waschen, die Möhren schälen und in Scheiben, den Fenchel putzen und in Streifen schneiden. Die Chilischoten längs aufschlitzen, unter fließendem Wasser entkernen und putzen, die Schoten in breite Streifen schneiden. Stielansätze der Tomaten entfernen. Die Tomaten kurz überbrühen, häuten und vierteln. Die Zwiebeln und den Knoblauch schälen, grob hacken.

In einem Schmortopf das Öl erhitzen. Zwiebeln, Knoblauch, Fenchel und Möhren darin bei mittlerer Hitze 8–10 Min. anschmoren, dabei nur leicht bräunen lassen. Die Tomaten mit dem Tomatenmark dazugeben, mit 1 Eßl. Harissa, Kreuzkümmel und Kurkuma würzen, wenig Wasser angießen und alles offen etwa 10 Min. leise köcheln lassen.

Das Fischfilet mit Küchenkrepp trocknen, in große Würfel schneiden und mit der Hälfte vom Zitronensaft beträufeln, salzen und pfeffern. Mit den Erbsen vorsichtig unter die Tomatensauce mischen, noch 5–7 Min. bei schwacher Hitze garen.

Inzwischen in einem Topf die Brühe aufkochen, den Couscous-Grieß einrühren und den Topf vom Herd nehmen. Den Couscous etwa 5 Min. quellen lassen. Mit einer Gabel auflockern und die Butter untermischen. Das restliche Harissa mit dem übrigen Zitronensaft und etwas heißer Tomatensauce zu einer flüssigen Sauce rühren. Den Couscous auf einer Platte aufhäufen, mit der Fisch-Gemüse-Mischung übergießen. Harissa und die gequollenen Rosinen in Schälchen extra dazu servieren.

Tip

Harissa, eine scharfe Paprikapaste mit Kreuzkümmel, finden Sie in Tuben oder Gläsern im Spezialitätenregal großer Kaufhäuser, im Bioladen oder im türkischen Lebensmittelgeschäft.

Jambalaya mit Meeresfrüchten

Aus Louisiana • Für Gäste

Zutaten für 4 Personen
500 g TK-Meeresfrüchte (Frutti di mare) • 2 Zwiebeln •
2 Knoblauchzehen • 2 grüne Paprikaschoten • 2 frische
rote Chilischoten • 2 Stangen Staudensellerie • 400 g
Tomaten • 2 Frühlingszwiebeln • $\frac{1}{2}$ Bund Petersilie •
2 Eßl. Öl • 2 Eßl. Tomatenmark • 150 g Fischfond (Glas) •
1 Lorbeerblatt • 1 Teel. getrockneter Thymian • Salz •
schwarzer Pfeffer, frisch gemahlen • $\frac{1}{2}$ Teel. gemahlener
Piment • Cayennepfeffer

Zeit: etwa 30 Min. (+ 3–4 Std. Auftauzeit)
Pro Portion etwa: 205 kcal

Die Meeresfrüchte in ein Sieb geben, überbrausen und in
3 – 4 Std. auftauen lassen. Zwiebeln und Knoblauch schälen, fein hacken. Paprika-, Chilischoten und den Sellerie
waschen, putzen und fein würfeln. Stielansätze der Tomaten entfernen. Tomaten kurz überbrühen, häuten und
würfeln. Frühlingszwiebeln waschen, putzen und fein
hacken. Die Petersilie waschen, die Blättchen hacken.

Das Öl in einem Topf erhitzen. Zwiebel-, Knoblauch-, Pa-
prika-, Chillie- und Selleriewürfel darin bei mittlerer Hitze
etwa 5 Min. anschmoren. Tomaten, Tomatenmark, Fischfond, Petersilie, Lorbeer und Thymian dazugeben, mit Salz,
Pfeffer, Piment und Cayennepfeffer würzen. Offen etwa
10 Min. köcheln lassen, bis die Tomaten zerfallen.

Die Meeresfrüchte unter die Sauce rühren, noch etwa
5 Min. garen. Zum Servieren die gehackten Frühlingszwiebeln über das Gericht streuen. Mit Reis servieren.

Geschmorter Weißkohl mit Lamm

Aus der Türkei • Im Bild

Zutaten für 4 Personen
750 g Weißkohl • 2 Zwiebeln • 4 Knoblauchzehen •
300 g mageres Lammfleisch (Keule oder Lende) • 6 Eßl.
Olivenöl • 2 frische rote Chilischoten • 200 g reife Tomaten • 2 Eßl. Tomatenmark • 1 Teel. gemahlener Kreuzkümmel • Salz • schwarzer Pfeffer, frisch gemahlen •
Paprikapulver, rosenscharf oder Pulbiber • 2 Eßl. grob
gehackte Petersilie

Zeit: etwa 1 $\frac{1}{4}$ Std.
Pro Portion etwa: 370 kcal

Weißkohl längs achteln, waschen, abtropfen lassen,
Strunk entfernen. Kohl in $\frac{1}{2}$ cm breite Streifen schnei-
den. Zwiebeln und Knoblauch schälen, kleinschneiden.
Lamm in sehr kleine Würfel schneiden.

In einem Schmortopf das Öl erhitzen, bei mittlerer Hitze
Zwiebeln und Knoblauch darin in 5 Min. goldgelb braten,
Lamm dazugeben und unter Rühren gut bräunen.

Chilischoten waschen, ohne Stielansatz, aber mit Kernen
in Scheiben schneiden. Mit dem Weißkohl dazugeben
und kurz anschmoren. Die Tomaten waschen, quer halbieren und auf einer Gemüsereibe in den Topf reiben (so
bleiben die Häute zurück). Tomatenmark mit $\frac{1}{2}$ l Wasser
dazugeben, mit Kreuzkümmel, Salz und Pfeffer würzen.
Zugedeckt 45 Min. – 1 Std. bei schwacher Hitze köcheln
lassen. Zuletzt mit scharfem Paprikapulver oder Pulbiber
abschmecken. Mit Petersilie bestreuen und warm
servieren. Fladenbrot dazu reichen.

Dicke Bohnen mit Hackfleisch

Aus Ägypten • Scharf-pikant

Zutaten für 4 Personen
Für die Bohnen:
1,5 – 2 kg frische dicke Bohnen in den Hülsen •
2 Eßl. Olivenöl • Salz • schwarzer Pfeffer, frisch
gemahlen • $^1/_2$ Teel. getrockneter Thymian
Für die Fleischmischung (Tatbila):
4 Gewürznelken • 2 große getrocknete Chilischoten •
1 Teel. grobes Meersalz • 1 Eßl. Paprikapulver, edelsüß •
je $^1/_2$ Teel. frisch geriebene Muskatnuß und Zimtpulver •
1 Eßl. Olivenöl • 250 g mageres Rinderhack (Tatar)
Außerdem:
2 Eier • 3 – 4 Eßl. Zitronensaft
Zitronenachtel

Zeit: etwa 1 Std.
Pro Portion etwa: 325 kcal

Die dicken Bohnen enthülsen. In einem Topf das Olivenöl mit 300 ml Wasser erhitzen, die Bohnen dazugeben,
salzen, pfeffern und den Thymian unterrühren. Die Bohnen offen bei mittlerer bis schwacher Hitze leise etwa
30 Min. köcheln lassen. Ab und zu etwas Wasser nachgießen, wenn die Flüssigkeit fast verkocht ist. Zum Schluß
soll der Sud fast eingekocht sein.

Inzwischen für die Fleischmischung (Tatbila) die Nelken
und Chilischoten mit dem groben Meersalz in einen
Mörser geben und zerstoßen. Paprikapulver, Muskat
und das Zimtpulver untermischen.

Das Öl in einer Schmorpfanne auf mittlerer Stufe erhitzen, das Hackfleisch darin unter Rühren etwa 5 Min.
anbraten. Die Gewürzmischung unterrühren und so viel
Wasser angießen, daß das Fleisch gerade davon bedeckt
ist. Offen bei mittlerer bis schwacher Hitze 20 Min. leise
köcheln lassen, bis das Wasser fast verdampft ist.

Die Bohnen zu der Fleischmischung geben und unterrühren. Die Eier verquirlen und dazugießen, unter
Rühren in 3 – 4 Min. stocken lassen. Die Mischung in
eine Schüssel füllen und etwas abkühlen lassen. Noch
einmal mit Salz und Pfeffer abschmecken, den Zitronensaft darüber träufeln. Mit Zitronenachteln garnieren und
servieren. Frisches Fladenbrot dazu reichen.

Tips

Dieses uralte Gericht aus dem Vorderen Orient heißt
»Mefarka« und wird auch kalt als Imbiß serviert.
Nach Belieben noch mit hart gekochten Eiern garnieren.
Die frischen dicken Bohnen in den Hülsen gibt es bei uns
ab April, man findet sie vor allem in türkischen Gemüseläden. Achten Sie auf knackig-frische Schoten, sonst sind
die Bohnenhäute zäh und ledrig.

Ofenkartoffeln mit Bohnenchili

Aus Texas • Braucht etwas Zeit

Zutaten für 4 Personen

4 sehr große, mehligkochende Kartoffeln (für Ofen-kartoffeln; etwa 1 kg) • 4 Bogen Pergamentpapier • Öl für das Papier • Salz • 70 g durchwachsener Speck ohne Schwarte • 2 große rote Paprikaschoten (etwa 500 g) • 2 frische rote Chilischoten • 2 große Zwiebeln • 4 Knoblauchzehen • 3 Eßl. Öl • 2 Eßl. Paprikapulver, edelsüß • 300 ml kräftige Gemüsebrühe • 150 ml Rot-wein • je 1 Teel. getrocknete Chillies, schwarze Pfeffer-körner, Kreuzkümmelsamen und getrockneter Oregano • je $^1/_2$ Teel. Koriander- und Pimentkörner • 2 Dosen rote Kidney-Bohnen (je 400 g) • 2 – 3 Eßl. Tomatenmark • 150 g saure Sahne oder Crème fraîche • 1 Eßl. gehacktes Koriandergrün oder Petersilie

Zeit: etwa 1$^1/_4$ Std.
Pro Portion etwa: 595 kcal

Die Kartoffeln gründlich waschen und bürsten, in Salz-wasser aufsetzen, aufkochen und zugedeckt bei mittlerer Hitze etwa 30 Min. vorgaren.

Dann den Backofen auf 200° vorheizen. Die Kartoffeln abgießen. 4 Stücke Pergamentpapier mit etwas Öl bestreichen, die Kartoffeln salzen und darin einwickeln. Im heißen Ofen (Mitte, Umluft 180°) etwa 30 Min. backen.

Den Speck in kleine Würfel schneiden. Die Paprika- und die frischen Chilischoten waschen, halbieren, putzen und in kleine Würfel schneiden. Die Zwiebeln und den Knoblauch schälen, fein würfeln.

In einer Kasserolle das Öl erhitzen, Zwiebeln und Knob-lauch darin bei mittlerer Hitze in 5 – 7 Min. goldgelb bra-ten. Die Speckwürfel, Paprika- und frische Chilischoten in die Kasserolle geben und etwa 5 Min. mitschmoren. Das Paprikapulver einrühren, kurz anschwitzen. Die Brü-he und den Rotwein angießen. Die Gewürze im Mörser zerstoßen und unterrühren, noch etwa 10 Min. offen köcheln lassen.

Die Bohnen in ein Sieb abgießen, mit warmem Wasser überbrausen, abtropfen lassen und mit dem Tomaten-mark unter die Schmorsauce mischen. Mit Salz ab-schmecken und zugedeckt bei schwacher Hitze etwa 10 Min. ziehen lassen. Die saure Sahne mit etwas Salz verrühren.

Die gegarten Ofenkartoffeln auspacken, in der Mitte ein-schneiden und aufbrechen. Auf Teller setzen, mit dem Bohnenchili füllen, jeweils einen Klecks Sahne darauf setzen, mit Koriandergrün bestreuen und sehr heiß ser-vieren. Dazu paßt Krautsalat mit Frühlingszwiebeln.

Gebratener Reis mit Chillies und Huhn

Aus Thailand • Scharf-würzig

Zutaten für 4 Personen
280 g Langkornreis (Basmati) • Salz • 5 Eßl. Erdnußöl •
300 g Hähnchenbrustfilet oder Putenschnitzel •
4 Frühlingszwiebeln • 2 Knoblauchzehen • 2 kleine
rote frische Chilischoten • 1 große rote Paprikaschote
(etwa 300 g) • 2 Eier • Salz • weißer Pfeffer, frisch
gemahlen • 2 Eßl. helle Sojasauce • 2 Eßl. Fischsauce •
2 Eßl. frisch gehackte Petersilie
Zum Garnieren:
halbierte Gurkenscheiben und Tomatenachtel

Zeit: etwa 1 Std.
Pro Portion etwa: 585 kcal

Den Reis waschen, abtropfen lassen und mit 450 ml
Wasser unter Rühren aufkochen, salzen. 1 Eßl. Öl dazugeben und die Hitze ganz klein schalten. Wenn das
Wasser nur noch leise kocht, den Deckel auflegen und
den Reis etwa 10 Min. garen. Den Topf vom Herd ziehen,
Deckel abnehmen und den Reis mit einer Gabel auflockern, ausdampfen und abkühlen lassen.

Das Hähnchenfilet mit Küchenkrepp trocknen und in
1 cm breite Streifen schneiden. Die Frühlingszwiebeln
waschen, putzen und schräg in 1 cm dicke Stücke schneiden. Knoblauch schälen und in Scheibchen schneiden.
Die Chilischoten längs aufschlitzen, unter fließendem
Wasser entkernen und putzen, die Schoten in Streifen
schneiden. Paprikaschote waschen, halbieren, putzen
und in Streifen schneiden. Die Eier in einem Schüsselchen mit Salz und Pfeffer verquirlen.

Im Wok (oder in einem breiten Topf) das restliche Öl
stark erhitzen. Hähnchenstreifen und Knoblauch darin
etwa 2 Min. unter Rühren braten. Frühlingszwiebeln,
Chilischoten und Paprikastreifen dazugeben, 1 Min.
durchrühren. Den Reis dazugeben und unterheben.
Wenn er heiß ist, die Eier darüber gießen und vermischen. Sobald sie zu stocken beginnen, den Wok vom
Herd nehmen, Soja- und Fischsauce unter den Reis
mischen, mit Salz und Pfeffer abschmecken. Den gebratenen Reis auf einer Platte oder in einer flachen
Schüssel anrichten, mit Petersilie bestreuen und mit
Gurkenscheiben und Tomatenachteln garniert servieren.

Tips

Eine ideale Resteverwertung für gekochten Reis vom
Vortag. Dazu »Naam Plaa Phrik« (siehe Seite 42) oder
»Nuoc Cham« reichen: 4–5 kleine Thai-Chillies waschen,
ohne Stiele (aber mit Kernen) kleinschneiden. 2 Knoblauch-
zehen schälen und fein hacken. Beides mit 3 Eßl. Limetten-
oder Zitronensaft und 100 ml thailändischer Fischsauce
(Nuoc Mam) vermischen. Etwas ziehen lassen, in kleinen
Schälchen auf den Tisch stellen.

Kanarischer Pabellón

Von El Hierro • Etwas schwieriger

Zutaten für 4 Personen
200 g getrocknete rote Bohnen • 4 getrocknete rote Chilischoten • 2 Teel. Kreuzkümmelsamen • 1 Teel. schwarze Pfefferkörner • Salz • 6 Knoblauchzehen • 500 g Lamm- oder Rindfleisch (Keule oder Hüfte) ohne Knochen • 4 Eßl. Olivenöl • 1 Teel. getrockneter Oregano • $^1/_2$ Teel. getrockneter Thymian • 2 Teel. Paprikapulver, edelsüß • $^1/_4$ l Brühe • 100 ml Weißwein • 2 Eßl. Essig • 100 g Speckschwarte oder Räucherspeck • 2 Lorbeerblätter • $^1/_2$ Zimtstange • 4 Gewürznelken • 2 Tassen Reis (etwa 280 g) • 4 kleine feste Bananen • 4 Eßl. Butter • 4 Eier

Zeit: etwa 2$^1/_4$ Std. (+ 18 – 24 Std. Einweichzeit)
Pro Portion etwa: 1050 kcal

Die Bohnen 18 – 24 Std. in kaltem Wasser einweichen. Für die Würzmischung die Chilischoten mit Kreuzkümmel, Pfefferkörnern und etwas Salz im Mörser grob zerreiben. Die Knoblauchzehen schälen, würfeln und dazugeben, mit den Gewürzen zerstampfen. Das Fleisch in große Würfel schneiden, dabei Fett und Sehnen entfernen. In einem Schmortopf das Öl erhitzen und die Fleischwürfel bei mittlerer Hitze darin rundherum anbraten.

Wenn das Fleisch gebräunt ist, die Würzmischung mit Oregano, Thymian und Paprikapulver dazurühren, kurz anschmoren. Brühe und Weißwein aufgießen, Essig dazugeben und das Fleisch zugedeckt bei schwächster Hitze 2 Std. schmoren lassen.

Inzwischen die Bohnen abgießen und mit gut 400 ml frischem Wasser aufsetzen. Die Speckschwarte, Lorbeerblätter, Zimtstange und Nelken dazugeben. Die Bohnen zugedeckt etwa 1 $^1/_2$ Std. bei schwacher Hitze garen, bei Bedarf Wasser nachgießen, nach etwa 1 Std. salzen.

Etwa 20 Min. vor Garzeitende: Den Reis in 4 Tassen Salzwasser 15 – 18 Min. kochen. Die Bananen schälen. In einer großen Pfanne die Butter erhitzen. Die Bananen auf beiden Seiten hellbraun braten. Nach dem Wenden die Eier daneben als Spiegeleier braten, das Eigelb soll recht flüssig bleiben.

Das Fleisch im Topf mit zwei Gabeln in feine Streifen zerpflücken und in der Sauce umwenden. Auf Teller verteilen, die Bohnen, den Reis und die Bananen daneben geben, die Spiegeleier auf den Reis setzen und servieren.

Info

Das originelle Gericht (der Name bedeutet »Pavillon«) stammt ursprünglich aus Venezuela und ist mit ehemaligen Auswanderern zu den kanarischen Inseln zurückgekommen. Dort wurde es an die traditionellen Zubereitungsmethoden angepaßt.

Safrangelb und curryfarben

Würziges mit Safran und Curry

Eines der größten Mißverständnisse ist der Curry, der als gelborangefarbenes Pulver in Gewürzregalen steht und viele pulverisierte Einzelgewürze enthält.

Der oder das?

Tatsächlich ist »das Curry« ein südindisches vegetarisches Schmorgericht, abgeleitet von dem tamilischen Wort »kari« für Sauce. Und für diese Saucengerichte komponieren heute noch indische Köchinnen oder Köche eine Vielzahl von frischen Gewürzen jeweils neu. Doch wer hat bei uns die Zutaten zur Hand, um sie täglich zu mischen und im Mörser zu zerstampfen? So kamen die Briten, die als Kolonialherren die indische Küche schätzen lernten, auf die Idee, den Geschmack durch ein Gewürzpulver zu imitieren. Typische Zutaten sind Pfeffer, Chilischoten, Koriander, Kardamom, Ingwer- und Gewürznelkenpulver, Bockshornkleesamen und Muskat. Dazu kommt Kurkuma, das die gelbe Farbe verleiht. Madras-Curry ist schärfer, Bengal-Curry oder indische Currys milder. Curry aus Java ist sehr aromatisch und als »Kerrie Djawa« im Handel. Außerdem gibt es pastenförmige Mischungen, die dem Original schon näher kommen.

Da zum unverwechselbaren Geschmack echter Currys die würzigen Blätter eines Rautengewächses gehören, nannten die Briten diese »Curry leaves«, auf deutsch »Curryblätter«. Wer also ein echtes südindisches Curry zubereiten möchte, sollte im Asienladen nach frischen Curryblättern fragen, die ein zitrusähnliches, würziges Aroma geben. Getrocknete Blätter sind nicht zu empfehlen, sie sind fast geschmacklos.

Obwohl es die echten Currys nur in Südindien gibt, wurde der Name auf andere würzige Gerichte übertragen. In Thailand werden Gerichte, deren Saucen mit Kokosmilch zubereitet sind, oft »Ka-ri« genannt. Grundlage ist eine scharfe Currypaste, die reichlich frische rote oder grüne Chilischoten, Knoblauch, Ingwer, Garnelenpaste (Trassi) und viele Gewürze wie die aromatischen Kaffirlimettenblätter enthält. Die Zutaten werden im Mörser zerstampft und würzen und binden die Sauce zugleich.

Kokosmilch

Zu vielen asiatischen Currys gehört Kokosmilch – das ist nicht die Flüssigkeit, die sich im Inneren frischer Kokosnüsse befindet, sondern ein Extrakt aus frischem zerkleinertem Kokosfleisch, das mit heißem Wasser übergossen wird. Konzentrierte

Kokosmilch erhält man bei uns in Dosen oder als feste Kokoscreme. Die Creme wird in heißem Wasser aufgelöst, 200 g reichen für gut $^1/_2$ l dicke oder 1 l dünne Kokosmilch. Kokosmilch kann auch aus getrockneten Kokosraspeln hergestellt werden: 200 g Kokosraspel mit $^1/_2$ bis $^3/_4$ l kochendem Wasser übergießen, etwa 30 Min. ziehen lassen, durch ein mit einem Tuch ausgelegtes Sieb gießen und die Raspel fest ausdrücken. Für dünne Kokosmilch die ausgedrückten Raspel nochmals mit kochendem Wasser übergießen.

Auch in Burma und in Indonesien findet man Currys mit scharfen Saucen, die reichlich mit Ingwer und Galgant, Zitronengras und aromatischen Blättern gewürzt sind. Zitronengras, die Stengel einer schilf-ähnlichen Pflanze, ist bei uns in Gemüsegeschäften und Asienläden zu finden. Von den Halmen wird nur der unterste Teil, etwa 10 cm ab dem Wurzelansatz, verwendet. Der Geschmack ist zitronig frisch und erinnert an Melisse. Zum Nachschärfen werden höllische »Sambals«, von denen Sambal oelek bei uns am bekanntesten ist, verwendet. Auch die Würzmischungen, die in ostafrikanischen Schmortöpfen mitgekocht werden, ähneln einer Currymischung. Und auch in der Karibik wird munter mit Curry gewürzt.

Was alles gelb färbt

Das typische Currygelb wird durch Kurkumapulver oder Gelbwurz erzielt, dem gemahlenen Wurzelstock eines Ingwergewächses. Das würzige, herb-harzige Aroma sowie die leuchtende Farbe verlieren sich rasch, deshalb nur kleine Mengen einkaufen und bald verbrauchen. In Südostasien wird oft die frische Wurzel zu den Currys gerieben. Eine ähnliche Farbe erzeugt der kostbare Safran, der aus den Blütennarben einer Wildkrokusart in mühevoller Handarbeit gewonnen wird. Safran riecht intensiv und schmeckt schon in kleinsten Mengen würzig-bitter. Schon wenige Fäden färben ein Gericht intensiv orangegelb. Zuerst in etwas heißem Wasser auflösen, dann unter die Sauce mischen. Ebenfalls gelb färben die Annattosamen des Orleanstrauches aus Südamerika. Ihr Farbstoff macht Gerichte leuchtendgelb bis rötlich. Den Farbton kennt sicher jeder – der Cheddarkäse verdankt Annatto sein schönes Gelborange. Allerdings ist Annatto kein Gewürz, es ist praktisch geschmacklos.

Indisches Garam Masala zum Abschmecken

Je 1 Teel. Kardamomsamen, Gewürznelken, Zimtrinde, schwarze Pfefferkörner, Koriander und Kreuzkümmel in einem Pfännchen ohne Fett bei mittlerer Hitze rösten, bis die Gewürze kräftig duften. In einem Mörser zerstoßen und mit $^1/_2$ Teel. frisch geriebener Muskatnuß vermischen. Gut verschlossen 1 bis 2 Monate haltbar.

Frühlingszwiebeln in Safransauce

Aus Italien • Gelingt leicht

Zutaten für 4 Personen
1 Bund Frühlingszwiebeln (frische Zwiebeln mit Grün) •
2 Zweige Basilikum • je 1 Eßl. Olivenöl und Butter •
1 Peperoncino (getrocknete Chilischote) • 150 ml
trockener Weißwein • $1/_4$ Teel. Safranfäden • Salz •
schwarzer Pfeffer, frisch gemahlen

Zeit: etwa 30 Min.
Pro Portion etwa: 80 kcal

Die Frühlingszwiebeln waschen und putzen. Das Grün
abschneiden (anderweitig verwenden). Die Zwiebeln
längs vierteln. Das Basilikum waschen, trocknen und
die Blätter in Streifen schneiden.

In einer Kasserolle das Olivenöl mit der Butter erhitzen.
Die Zwiebelviertel kurz darin andünsten, den Peperoncino dazu bröseln, den Wein angießen. Die Safranfäden
in wenig heißem Wasser anrühren und dazugeben.
Den Wein bei mittlerer Hitze in etwa 7 Min. um die
Hälfte einkochen lassen. Zwiebeln mit Salz und Pfeffer
würzen. Die Basilikumstreifen unterrühren.

Tips
Als pikante Beilage zu Fisch oder Kalbfleisch servieren.
Die richtigen Frühlingszwiebeln, also kleine weiße Zwiebeln
mit Grün, gibt es ab Juni auf den Märkten. Falls Sie keine
erhalten, Schalotten nehmen.

Curry mit gebratenen Eiern

Vegetarisch • Im Bild

Zutaten für 4 Personen
3 Zwiebeln • 5 Knoblauchzehen • 40 g frischer Ingwer •
1 Eßl. heller Essig • 4 Eßl. Erdnußöl • 8 Eier • 3 Lorbeerblätter • 1 Zimtstange • 6 Kardamomkapseln • 4 frische
kleine grüne Chilischoten (Thai-Chillies) • $1 1/_2$ Teel.
Kurkumapulver • $1/_2$ Teel. Zucker • 1 Prise Cayennepfeffer • Salz

Zeit: etwa 35 Min.
Pro Portion etwa: 325 kcal

Zwiebeln, Knoblauch und Ingwer schälen, in Stücke
schneiden und mit dem Essig pürieren.

Das Öl in einer beschichteten Pfanne erhitzen, die Eier
einzeln hineinschlagen und auf beiden Seiten je 2–3 Min.
braten. Aus der Pfanne heben, beiseite stellen. Im verbliebenen Öl Lorbeerblätter, Zimtstange und die Kerne
der Kardamomkapseln kurz braten. Die unzerkleinerten
Chilischoten dazugeben, kurz anbraten, dann das Zwie-
belpüree in die Pfanne rühren und etwa 5 Min. leise
schmoren lassen, dabei öfter umrühren.

Knapp 200 ml Wasser angießen, aufkochen und mit
Kurkuma, Zucker, Cayennepfeffer und Salz abschmecken.
Die Eier in die Sauce legen und die Pfanne etwas rütteln,
bis die Eier mit Sauce bedeckt sind. 2–3 Min. erhitzen,
heiß servieren. Dazu paßt Basmatireis und ein Gurken-
salat mit Joghurt.

Blumenkohl mit Safran-Majado

Von den Kanarischen Inseln • Scharf-pikant

Zutaten für 4 Personen
1 Blumenkohl (etwa 700 g) • 600 g reife Tomaten •
150 g kleine Champignons • 150 g grüne TK-Erbsen •
150 g durchwachsener Speck ohne Schwarte • 6 Knoblauchzehen • 1 Bund Petersilie • $1/_4$ Teel. gemahlener
Safran • 4 kleine getrocknete rote Chilischoten • Salz •
6 Eßl. Olivenöl • 2 Zwiebeln • $1/_4$ Teel. Nelkenpulver •
1 Lorbeerblatt • schwarzer Pfeffer, frisch gemahlen •
1 Teel. gekörnte Brühe

Zeit: etwa 1$^1/_4$ Std.
Pro Portion etwa: 470 kcal

Den Blumenkohl waschen, putzen und in kleine Rös-
chen zerlegen. Stielansätze der Tomaten entfernen.
Die Tomaten kurz überbrühen, häuten und entkernen,
in Stücke schneiden. Die Champignons putzen und
den Stielansatz abschneiden, kleine Pilze ganz lassen,
größere vierteln. Die Erbsen in ein Sieb geben und an-
tauen lassen. Den Speck in schmale Streifen schneiden.

Für die Würzpaste »Majado« die Knoblauchzehen
schälen und grob hacken. Die Petersilie waschen, die
Blättchen (etwa 2 Eßl. zur Seite legen) zerschneiden.
Den Knoblauch mit der Petersilie, Safran und den
Chilischoten im Mörser mit 1 Teel. Salz zerstampfen
(oder im Mixer pürieren), mit 2 Eßl. Olivenöl verrühren.

In einer großen Schmorpfanne die übrigen 4 Eßl.
Olivenöl erhitzen, die Blumenkohlröschen darin bei
mittlerer Hitze in etwa 10 Min. rundherum hellbraun
braten, dabei vorsichtig wenden.

Inzwischen die Zwiebeln schälen und fein hacken.
Mit den Speckstreifen und den Champignons unterrühren, alles zusammen noch etwa 5 Min. hellgelb
braten. Die Tomatenstücke und Erbsen unterrühren,
den Majado angießen, mit Nelkenpulver, Lorbeerblatt,
Salz, Pfeffer und der gekörnten Brühe würzen. Zugedeckt bei schwacher Hitze etwa 30 Min. schmoren,
eventuell wenig Wasser angießen, die Sauce soll zum
Schluß ziemlich dick sein. Abschmecken und mit den
restlichen Petersilienblättchen bestreut servieren.

Tip

Dazu passen »Papas arrugadas«, kanarische Runzelkartoffeln. Etwa 1 kg ganz kleine, festkochende Kartoffeln
gründlich waschen. Ungeschält in einen Topf geben, etwa
8 Eßl. grobes Meersalz darüber streuen und so viel Wasser
angießen, daß die Kartoffeln gut bedeckt sind. Zugedeckt
25 – 30 Min. kochen, das Wasser abgießen und den Topf
noch einmal auf die heiße Herdplatte stellen, bis die Schale
der Kartoffeln getrocknet ist und sich eine Salzkruste gebil-
det hat. Die Kartöffelchen werden mit der Schale gegessen.

Spinat-Panir-Bällchen in Currysauce

Aus Indien • Vegetarisch

Zutaten für 4 Personen

Für die Klößchen:

300 g vorwiegend festkochende Kartoffeln • Salz •
500 g frischer Blattspinat • 50 g Panir (indischer Käse)
oder Hüttenkäse • 30 g Kichererbsenmehl • 1 Teel.
Garam Masala (Seite 63) • 4 Eßl. Öl zum Braten

Für die Sauce:

650 g Tomaten • 2 Zwiebeln • 2 Knoblauchzehen •
30 g frischer Ingwer • 2 Eßl. Butterschmalz • 2 kleine
getrocknete Chilischoten • $1/_2$ Teel. gemahlener Kreuzkümmel • 1 Teel. Kurkumapulver • $1/_2$ Sternanis •
4 Stücke Zimtrinde (oder 1 Zimtstange) • 4 Gewürznelken • Salz • nach Belieben $1/_2$ Teel. Methi (getrocknete Bockshornkleeblätter)

Zeit: etwa 1 Std.
Pro Portion etwa: 265 kcal

Die Kartoffeln schälen, vierteln und in Salzwasser in etwa
20 Min. weich kochen. Den Spinat gründlich waschen und
verlesen, harte Stiele entfernen. Die Blätter in wenig
kochendem Wasser 2 – 3 Min. kochen und zusammenfallen
lassen. Abgießen, kalt abschrecken und abtropfen lassen.

Die gegarten Kartoffeln abgießen, gut ausdampfen lassen
und zerdrücken. Den Spinat sehr fest ausdrücken und
hacken. Den Panir zerdrücken, mit Spinat, Kichererbsenmehl und Garam Masala unter die Kartoffeln mischen.
Etwa 15 Min. quellen lassen.

Für die Sauce Stielansätze der Tomaten entfernen.
Die Tomaten kurz überbrühen, häuten und zerkleinern.
Zwiebeln und Knoblauch schälen, fein hacken. Den Ingwer schälen und fein reiben. Das Butterschmalz erhitzen,
die Zwiebeln nußbraun anbraten. Knoblauch, Ingwer,
Chillies und die übrigen Gewürze außer dem Methi
dazugeben, kurz anbraten. Tomaten und etwa 100 ml
Wasser dazugeben, salzen und alles bei mittlerer Hitze
etwa 20 Min. offen kochen lassen.

Inzwischen aus der Spinatmasse etwa 20 gut walnuß-
große Klößchen formen. Im heißen Öl bei mittlerer Hitze
rundherum etwa 10 Min. braten. Anrichten, die Sauce
darüber gießen und nach Belieben mit den zerriebenen
Methiblättern bestreuen.

Tip

Methi (auch Fenugreek) heißt der Bockshornklee. Nicht nur
die Samen, sondern auch die getrockneten Blätter werden
zum Würzen genommen, weil sie einen feinen, würzigen
und appetitanregenden Duft verströmen, wenn sie zum
Schluß über Currys gestreut werden.

Kürbis-Bananen-Auflauf

Aus Haiti • Vegetarisch

Zutaten für 4 Personen

Für das Jamaika-Currypulver:

1 Teel. Pimentkörner • $^1/_2$ Teel. Bockshornkleesamen • 2 kleine getrocknete rote Chilischoten • $^1/_2$ Teel. schwarze Pfefferkörner • je $^1/_4$ Teel. Korianderkörner, Kreuzkümmelsamen und gelbe Senfkörner • $^1/_2$ Sternanis • 1 $^1/_2$ Teel. Kurkumapulver • 1 Teel. Zimtpulver • $^1/_4$ Teel. frisch geriebene Muskatnuß

Für den Auflauf:

400 g Kürbisfleisch oder rote Bataten (Süßkartoffeln) • 2 Kochbananen (je etwa 450 g; ersatzweise 4 große grüne Bananen) • 1 große Zwiebel • 30 g frischer Ingwer • 2 frische rote Chilischoten • 4 Eßl. Öl • 100 ml kräftige Gemüsebrühe • 1 Dose Kokosmilch (400 ml, 70 ml von der dünnen Milch abgießen) • $^1/_2$ Vanilleschote • Salz • 2 Teel. brauner Zucker • 2 Eßl. brauner Rum • 100 g geriebener Käse (Bergkäse)

Außerdem: Fett für die Form

Zeit: etwa 1$^1/_4$ Std.
Pro Portion etwa: 345 kcal

Für das Currypulver Pimentkörner und Bockshornkleesamen in einem trockenen Pfännchen bei mittlerer Hitze 3–5 Min. rösten, bis sie kräftig duften. In einen Mörser geben und mit den körnigen Zutaten zu einem feinen Pulver zerstoßen, dann mit den pulverförmigen Gewürzen vermischen.

Für den Auflauf das Kürbisfleisch in etwa 3 cm große Würfel schneiden (oder Bataten waschen, schälen und in 3 cm große Stücke schneiden). Die Kochbananen in 2 cm dicke Scheiben schneiden, schälen. Zwiebel und Ingwer schälen, fein hacken. Die Chilischoten längs aufschlitzen, unter fließendem Wasser entkernen und putzen, die Schoten in Streifen schneiden.

In einem Topf das Öl erhitzen, Zwiebel, Chillies und Ingwer darin bei mittlerer Hitze hellgelb andünsten. Die Bananenscheiben dazugeben und 5–7 Min. braten, dabei einmal wenden. Brühe und Kokosmilch angießen, alles etwa 10 Min. zugedeckt bei schwacher Hitze garen. Die Vanilleschote aufschlitzen, die Kernchen in die Sauce kratzen und die Schote dazugeben. Die Kürbis- oder Batatenstücke dazugeben, mit 2 Eßl. Currypulver, Salz, Zucker und Rum würzen und alles noch etwa 10 Min. garen.

Den Backofen auf 220° (Umluft 200°) vorheizen. Eine Auflaufform fetten. Unter das Bananen-Kürbisgemüse $^2/_3$ vom Käse mischen und in die Form füllen. Mit dem restlichen Käse bestreuen und den Auflauf im Ofen etwa 20 Min. backen, bis der Käse leicht gebräunt ist. Mit körnig gekochtem Reis servieren.

Tip

Dekorativ sieht der Auflauf aus, wenn Sie ihn in eine ausgehöhlte Kürbishälfte füllen und darin backen.

Muscheln in Safransauce

Von den kanarischen Inseln • Scharf-pikant

Zutaten für 4 Personen
2 kg küchenfertige Miesmuscheln • 350 g reife Tomaten •
1 Zwiebel • 2 Eßl. Olivenöl • $^1/_2$ l Weißwein
Für die Würzpaste Majado:
$^1/_2$ Teel. Kreuzkümmelsamen • $^1/_2$ Teel. Safranfäden •
2 kleine getrocknete rote Chilischoten • 1 $^1/_2$ Teel. grobes
Meersalz • 8 Knoblauchzehen • 4 Eßl. gehackte Petersilie

Zeit: etwa 35 Min.
Pro Portion etwa: 175 kcal

Die Muscheln gründlich in kaltem Wasser waschen,
Bartreste entfernen. Die Muscheln abtropfen lassen.
Stielansätze der Tomaten entfernen. Die Tomaten kurz
überbrühen, häuten und in Würfel schneiden. Zwiebel
schälen und fein hacken. In einem großen Topf das Öl
erhitzen, die Zwiebelwürfel darin glasig dünsten. Die
Tomaten dazugeben und bei mittlerer Hitze etwa 15 Min.
schmoren, bis sie zerfallen. Den Wein dazugießen und
alles offen noch etwa 10 Min. leise köcheln lassen.

Für den Majado Gewürze mit Meersalz im Mörser zerreiben. Knoblauch schälen und zerschneiden, mit den
Gewürzen im Mörser zerdrücken. Die Petersilie dazugeben und alles zu einem glatten Brei zerstampfen.

Die Tomaten-Weinsauce bei starker Hitze aufkochen.
Miesmuscheln und Majado darin bei starker Hitze zugedeckt etwa 7 Min. kochen, dabei einmal durchmischen.
Die Muscheln müssen sich dabei öffnen, geschlossene
wegwerfen. Muscheln mit Weißbrot servieren.

Garnelen in Curry-Kokos-Sauce

Aus Indien • Im Bild

Zutaten für 4 Personen
400 g (TK-)Riesengarnelen in der Schale • Salz •
2 Zwiebeln • 4 Knoblauchzehen • je 2 frische rote und
grüne Chilischoten • 30 g frischer Ingwer • 4 Tomaten •
4 Eßl. Erdnußöl • 2 Teel. Korianderkörner • 1 Teel.
Kreuzkümmelsamen • 1 Teel. Kurkumapulver • 1/4 l
Kokosmilch • 4 Eßl. Zitronensaft • schwarzer Pfeffer,
frisch gemahlen • 1 Eßl. gehacktes Koriandergrün

Zeit: etwa 45 Min.
Pro Portion etwa: 215 kcal

Die Garnelen (tiefgekühlte auftauen lassen) schälen, am
Rücken einschneiden und den Darm entfernen. Kalt abspülen, abtropfen lassen und mit Salz bestreuen. Zwiebeln und Knoblauch schälen, in Streifen schneiden. Chilischoten unter fließendem Wasser entkernen und fein
hacken. Ingwer schälen und in feine Streifchen schneiden.

Stielansätze der Tomaten entfernen. Die Tomaten kurz
überbrühen, häuten und entkernen, in Streifen schneiden.
In einem Topf oder im Wok das Öl erhitzen, bei mittlerer
Hitze die Zwiebel- und Knoblauchstreifen darin unter
Rühren hellgelb braten. Chillies, Koriander und Kreuzkümmel, Kurkuma und Ingwer dazugeben und unter Rühren braten, bis die Flüssigkeit fast verdampft ist. Kokosmilch angießen und aufkochen. Die Garnelen in die
Sauce rühren und bei schwacher Hitze etwa 5 Min. darin
garen. Mit Zitronensaft, Salz und Pfeffer abschmecken.
Mit Koriandergrün bestreuen. Dazu paßt Basmatireis.

Fischfilet mit Ananas in Currysauce

Aus Thailand • Scharf-pikant

Zutaten für 4 Personen
Für die Currypaste:
2 große frische orangefarbene oder rote Chilischoten •
2 Schalotten oder 1 Zwiebel • 3 Knoblauchzehen •
20 g frischer Ingwer • 2 frische Curryblätter •
1 Stengel Zitronengras • 2 Teel. Kreuzkümmelsamen •
je 1 Teel. Koriander- und schwarze Pfefferkörner •
1 Teel. grobes Salz • 2 Eßl. Fisch- oder Austernsauce
Für den Fisch:
400 g festfleischiges Fischfilet (z. B. Seelachs oder
Viktoriabarsch) • 2 Eßl. Zitronensaft • 1 große rote
Paprikaschote • 300 g frische Ananas • 6 Krachai-
Wurzeln (»Fingerwurz«), ersatzweise 30 g frischer
Ingwer • 8 Zweige Thai-Basilikum • 4 Eßl. Öl • Salz

Zeit: etwa 40 Min.
Pro Portion etwa: 220 kcal

Für die Currypaste die Chilischoten längs aufschlitzen,
unter fließendem Wasser entkernen und putzen, die
Schoten kleinhacken. Schalotten, Knoblauch und Ingwer
schälen, fein zerschneiden. Die Curryblätter und das
Zitronengras waschen, vom Zitronengras etwa 6 cm vom
unteren, hellen Teil fein schneiden, die Curryblätter
hacken.

Die Gewürzkörner in einem kleinen Pfännchen ohne Fett
bei mittlerer Hitze 3–4 Min. anrösten, in einen Mörser
geben und mit dem groben Salz zerstoßen. Die übrigen
vorbereiteten Zutaten dazugeben, zu einem glatten

Püree zerstampfen. Die Fisch- oder Austernsauce gründlich unterrühren.

Das Fischfilet mit Küchenpapier trocknen und in 2–3 cm
breite Streifen schneiden, mit dem Zitronensaft beträufeln. Die Paprikaschote waschen, halbieren, putzen und
in $1/2$ cm breite Streifen schneiden. Die Ananas schälen,
in Scheiben schneiden und den harten Strunk aus der
Mitte entfernen. Die Ananasringe in Dreiecke schneiden.

Die Krachaiwurzeln (oder den Ingwer) waschen, schälen,
sehr schräg in dünne Scheiben, diese zu feinen Streifen
schneiden. Das Thai-Basilikum waschen, die unteren harten Stengel entfernen (die Blattspitzen ganz lassen).

In einer großen Pfanne oder im Wok das Öl erhitzen, bei
mittlerer Hitze Krachai- und Paprikastreifen darin 2–3 Min.
anbraten. Die Ananasstücke und die Currypaste untermischen, etwa 300 ml Wasser angießen, einmal aufkochen.
Das Thai-Basilikum und die Fischstreifen vorsichtig
untermischen, mit Salz abschmecken, noch etwa 1 Min.
kochen. Sofort mit Basmatireis servieren.

Tips
Krachai (Fingerwurz, chinesischer Ingwer) sind sehr würzige,
kampferähnlich schmeckende fingerähnliche Wurzeln. Frisch
in Asienläden zu bekommen.
Wenn Sie Gäste erwarten, servieren Sie den Fisch doch einmal in einer ausgehöhlten Ananas.

75

Scharfes Hähnchencurry

Aus Äthiopien • Im Bild

Zutaten für 4 Personen
1 großes Hähnchen (Poularde) • 4 Eßl. Zitronensaft •
2 dicke Gemüsezwiebeln • 30 g frischer Ingwer •
4 Eßl. Butter oder Öl • 1 Eßl. grob zerstoßene Chilischoten • Salz • 1 Teel. geschroteter schwarzer Pfeffer •
1 Teel. Kurkumapulver • $^1/_4$ l Hühnerbrühe oder Wasser •
4 hartgekochte Eier

Zeit: etwa 1 Std. 20 Min.
Pro Portion etwa: 605 kcal

Das Hähnchen waschen und mit Knochen in 8 Stücke
zerteilen. In eine Schüssel legen, mit dem Zitronensaft
übergießen, etwa 15 Min. marinieren.

Inzwischen die Gemüsezwiebeln schälen und klein würfeln. Den Ingwer schälen und sehr fein hacken. Die Zwiebeln in einen breiten Schmortopf (am besten einen beschichteten aus Aluguß) geben und bei mittlerer Hitze
ohne Fett dunkelbraun rösten, dabei ständig umrühren.
Dann erst Butter oder Öl dazugeben, Chillies, Salz,
Pfeffer, Kurkuma und gehackten Ingwer unterrühren,
die Brühe angießen.

Die Hähnchenstücke aus der Marinade heben und dazu-
geben. Alles gut vermischen, zugedeckt bei schwacher
Hitze etwa 1 Std. schmoren lassen, bei Bedarf etwas
Wasser nachgießen. Die Eier schälen und in den letzten
Minuten mit in die Sauce legen.

Marokkanische Tajine mit Quitten

Braucht etwas Zeit • Für Gäste

Zutaten für 4 Personen
500 g Rindfleisch zum Schmoren • 2 große Zwiebeln •
2 Knoblauchzehen • $^1/_2$ Bund Petersilie • 1 Teel. Paprikapulver, edelsüß • $^1/_2$ Teel. gemahlener Kreuzkümmel •
2 getrocknete Chilischoten • 1 Teel. Kurkumapulver oder
$^1/_4$ Teel. gemahlener Safran • $^1/_2$ Teel. getrockneter
Thymian • 750 g Tomaten • 6 Eßl. Olivenöl • 1 Teel. abge-
riebene unbehandelte Zitronenschale • Salz • schwarzer
Pfeffer, frisch gemahlen • 2 Quitten (ersatzweise 200 g
getrocknete Aprikosen, 1 Std. eingeweicht)

Zeit: etwa 2$^1/_4$ Std.
Pro Portion etwa: 310 kcal

Rindfleisch in große Würfel schneiden und trockentupfen.
Zwiebeln und Knoblauch schälen, fein hacken. Die Peter-
silie waschen, die Blättchen fein hacken und mit Zwiebeln,
Knoblauch, Paprikapulver, Kreuzkümmel, zerbröselten
Chilischoten, Kurkuma und Thymian vermischen. Tomaten
kurz überbrühen, häuten und in Stücke schneiden.

In einem Schmortopf das Öl erhitzen. Fleisch mit der Würzmischung bei schwacher Hitze darin etwa 10 Min. anschmoren. Tomaten zum Fleisch geben, etwa 150 ml Wasser angießen, mit Zitronenschale, Salz und Pfeffer würzen.
Zugedeckt bei schwacher Hitze etwa 1 $^1/_2$ Std. garen.

Die Quitten schälen, in Achtel schneiden und die Kern-
gehäuse entfernen. Quittenachtel halbieren und zum
Fleisch geben. Noch 30 – 45 Min. garen, bis die Quitten
weich sind. Abschmecken und heiß servieren.

Register

A

Ananas: Fischfilet mit Ananas in
Currysauce 75
Arabische Paprika-Zwiebel-
Suppe 33
Auberginen
Fusilli mit scharfer Auber-
ginensauce 44
Thailändische Auberginen-
suppe 31

B

Bananen: Kürbis-Bananen-
Auflauf 70
Berbere-Gewürzmischung 43
Blumenkohl mit Safran-
Majado 67
Bohnen (grün): Gemüse-Burgoo
mit Bohnen und Reis 36
Bunter Reissalat 22
Butter: Gewürzbutter 27

C

Cajun-Remoulade 9
Chilipaste: Kichererbsenpüree
mit Chilipaste 10
Chillies (Warenkunde) 42
Chilisaucen 43
Chutney: Kokosnuß-Chutney 16
Couscous: Scharfes Fisch-Cous-
cous 49
Curry
Curry mit gebratenen Eiern 64
Currypasten 42
Fischfilet mit Ananas in Curry-
sauce 75
Garnelen in Curry-Kokos-
Sauce 72
Spinat-Panir-Bällchen in Curry-
sauce 69

D

Dals (Zubereitung) 27
Dicke Bohnen mit Hackfleisch 53
Dicke weiße Bohnen (Zuberei-
tung) 27

E/F

Eier: Curry mit gebratenen
Eiern 64
Fester Joghurt mit Minze 12
Fisch
Fischfilet mit Ananas in Curry-
sauce 75
Scharfes Fisch-Couscous 49
Frühlingszwiebeln in Safran-
sauce 64
Fusilli mit scharfer Auberginen-
sauce 44

G

Garam Masala 63
Garnelen
Garnelen in Curry-Kokos-
Sauce 72
Reis mit Linsen und Garne-
len 46
Gebratener Reis mit Chillies und
Huhn 56
Gegrillter Salat aus Tunesien 20
Gemüse-Burgoo mit Bohnen und
Reis 36
Gemüse-Weizen-Suppe 33
Geschmorter Weißkohl mit
Lamm 50
Gewürzbutter 27
Gewürze: Berbere-Gewürz-
mischung 43
Grüne Linsen (Zubereitung) 27
Gurken: Paprikacreme auf Gur-
ken-Joghurt 15

H

Hackfleisch: Dicke Bohnen mit
Hackfleisch 53
Hähnchen
Gebratener Reis mit Chillies
und Huhn 56
Scharfes Hähnchencurry 76
Harissa (Tip) 49
Höllisches Zucchini-Mais-
Gemüse 44
Hülsenfrüchte (Zubereitung) 27

Hüttenkäse: Scharf gewürzter
Hüttenkäse 16

I/J

Indisches Garam Masala 63
Jambalaya mit Meeres-
früchten 50
Joghurt
Fester Joghurt mit Minze 12
Joghurt selbst gemacht 8
Paprikacreme auf Gurken-
Joghurt 15
Pikante Käse-Joghurt-Creme 12
Scharfe Kartoffeln mit
Joghurt 19

K

Kanarischer Fleisch-Gemüse-
Eintopf 38
Kanarischer Pabellón 59
Karibischer Bohnentopf mit
Chillies 38
Kartoffeln
»Kanarische Runzelkartoffeln«
(Tip) 67
Ofenkartoffeln mit Bohnen-
chili 54
Scharfe Kartoffeln mit
Joghurt 19
Kichererbsen
Kichererbsen (Zubereitung) 27
Kichererbsenpüree mit Chili-
paste 10
Kichererbsensuppe mit
Chillies 34
Kohl
Gemüse-Weizen-Suppe 33
Geschmorter Weißkohl mit
Lamm 50
Kokosmilch (Warenkunde) 62
Kokosnuß-Chutney 16
Kürbis-Bananen-Auflauf 70

L

Lamm: Geschmorter Weißkohl
mit Lamm 50

Linsen
Reis mit Linsen und Garne-
len 46
Schwarze Linsensuppe 34

M

Mais: Höllisches Zucchini-Mais-
Gemüse 44
Marokkanische Tajine mit
Quitten 76
Muscheln in Safransauce 72

N/O

Nudeln
Fusilli mit scharfer Auber-
ginensauce 44
Kanarischer Fleisch-Gemüse-
Eintopf 38
Ofenkartoffeln mit
Bohnenchili 54

P/Q

Paprikaschoten
Arabische Paprika-Zwiebel-
Suppe 33
Paprikacreme auf Gurken-
Joghurt 15
Scharfes Paprika-Wurst-
Gemüse 46
Pikante Käse-Joghurt-
Creme 12
Pikante Schwarzaugen-
Bohnensuppe 28
Pulbiber 43
Quitten: Marokkanische Tajine
mit Quitten 76

R

Reis
Bunter Reissalat 22
Gebratener Reis mit Chillies
und Huhn 56
Gemüse-Burgoo mit Bohnen
und Reis 36
Reis mit Linsen und
Garnelen 46

Impressum

Remoulade: Cajun-Remoulade 9
Rote Bohnen
    Karibischer Bohnentopf mit Chillies 38
    Ofenkartoffeln mit Bohnenchili 54
    Rote Bohnen (Zubereitung) 27
Rote Linsen (Zubereitung) 27

S

Safran
    Blumenkohl mit Safran-Majado 67
    Frühlingszwiebeln in Safransauce 64
    Muscheln in Safransauce 72
Salat der Königin von Saba 20
Sambals 42
Scharf gewürzter Hüttenkäse 16
Scharfe Kartoffeln mit Joghurt 19
Scharfes Fisch-Couscous 49
Scharfes Hähnchencurry 76
Scharfes Paprika-Wurst-Gemüse 46
Schwarzaugenbohnen
    Gemüse-Burgoo mit Bohnen und Reis 36
    Pikante Schwarzaugen-Bohnensuppe 28
    Schwarzaugenbohnen (Zubereitung) 27
Schwarze Bohnen (Zubereitung) 27
Schwarze Linsen (Zubereitung) 27
Schwarze Linsensuppe 34
Spinat-Panir-Bällchen in Currysauce 69

T

Tajine: Marokkanische Tajine mit Quitten 76
Thailändische Auberginensuppe 31
Tomaten
    Arabische Paprika-Zwiebel-Suppe 33

Blumenkohl mit Safran-Majado 67
Gegrillter Salat aus Tunesien 20
Gemüse-Burgoo mit Bohnen und Reis 36
Gemüse-Weizen-Suppe 33
Höllisches Zucchini-Mais-Gemüse 44
Marokkanische Tajine mit Quitten 76
Muscheln in Safransauce 72
Pikante Schwarzaugen-Bohnensuppe 28
Salat der Königin von Saba 20
Scharfes Paprika-Wurst-Gemüse 46
Schwarze Linsensuppe 34
Spinat-Panir-Bällchen in Currysauce 69
Türkische Hochzeitssuppe 28

W

Weiße Bohnen: Karibischer Bohnentopf mit Chillies 38
Weizen: Gemüse-Weizen-Suppe 33
Wurst: Scharfes Paprika-Wurst-Gemüse 46

Z

Zucchini: Höllisches Zucchini-Mais-Gemüse 44
Zwiebeln: Arabische Paprika-Zwiebel-Suppe 33

Die Temperaturstufen bei Gasherden variieren von Hersteller zu Hersteller. Welche Stufe Ihres Herdes der jeweils angegebenen Temperatur entspricht, entnehmen Sie bitte der Gebrauchsanweisung.

© 2000 Gräfe und Unzer Verlag GmbH, München.
Alle Rechte vorbehalten. Nachdruck, auch auszugsweise, sowie Verbreitung durch Film, Funk und Fernsehen, durch fotomechanische Wiedergabe, Tonträger und Datenverarbeitungssysteme jeder Art nur mit schriftlicher Genehmigung des Verlages.

Redaktion: Christine Wehling
Lektorat: Cornelia Schinharl
Layout und Typographie: Carsten Tschirner
Umschlaggestaltung: Claudia Fillmann, independent Medien-Design
Fotos: H.-J. Beckers
Foodstyling: Stephan Fladung
Herstellung: Renate Hutt
Satz: Filmsatz Schröter, München
Reproduktion: Penta Repro
Druck: Appl, Wemding
Bindung: Großbuchbinderei Monheim

Reinhardt Hess entdeckte schon früh seine Leidenschaft fürs Kochen. Er arbeitete nach dem Studium der Germanistik und Geographie als Redakteur bei der größten deutschen Zeitschrift für Essen und Trinken sowie in Buchverlagen. Jetzt schreibt er als freier Journalist Kochbücher und steht dabei selbst in der Küche, um die auf Reisen gesammelten Rezepte und eigene neue Ideen auszuprobieren.

Heinz-Josef Beckers studierte an der Universität Essen GH (Folkwang) Kommunikations-Design. Food-, Stillife- und experimentelle Fotografie zählen ebenso zu seinem Tätigkeitsfeld wie die konzeptionelle und grafische Arbeit.

ISBN 3-7742-3596-1

Auflage	5.	4.	3.	2.	1.
Jahr	04	03	02	01	00

LUST AUF

den leichten und trendigen Genuss

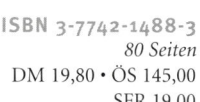

ISBN 3-7742-1488-3
80 Seiten
DM 19,80 • ÖS 145,00
SFR 19,00

ISBN 3-7742-1676-2
80 Seiten
DM 19,80 • ÖS 145,00
SFR 19,00

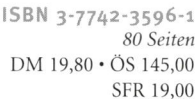

ISBN 3-7742-3596-1
80 Seiten
DM 19,80 • ÖS 145,00
SFR 19,00

ISBN 3-7742-1171-x
96 Seiten
DM 19,80 • ÖS 145,00
SFR 19,00

Die modernen Kochbücher mit den Trendthemen für die Küche:
quadratisch, praktisch, gut.

WEITERE LIEFERBARE TITEL:

➤ Kürbis, Mangold & Co. – Neue Rezepte für alte Gemüse

➤ Pizza, Pasta, Pomodoro – Vegetarisch durch Italiens Küchen

➤ Vegetarisches aus dem Wok

Gutgemacht. Gutgelaunt.